Évelyne Bérard

Gilles Breton
Yves Canier
Christine Tagliante

STUDIO +

Cahier d'exercices

Didier

Sommaire

Guide des contenus 3

PARCOURS 1: Vie personnelle et sociale 5
Séquence 1: *Raconter* 6
Séquence 2: *Décrire / Expliquer* 14
Séquence 3: *Argumenter* 20
Séquence 4: *Pratique des discours* 26

PARCOURS 2: Vie professionnelle et études 35
Séquence 5: *Raconter* 36
Séquence 6: *Décrire / Expliquer* 42
Séquence 7: *Argumenter* 47
Séquence 8: *Pratique des discours* 53

PARCOURS 3: Vie culturelle et loisirs 61
Séquence 9: *Raconter* 62
Séquence 10: *Décrire / Expliquer* 69
Séquence 11: *Argumenter* 77
Séquence 12: *Pratique des discours* 83

Transcriptions 89
Corrigés 97

Couverture: Michèle Bisgambiglia
Conception maquette: Nelly Benoit
Mise en pages: Nicole Pellieux

© Les Éditions Didier, Paris 2004   ISBN 2-278-05408-2   Imprimé en France

Guide des contenus

Apposition	P. 74/9
Cause	P. 18/10 P. 37/6 P. 38/7
Ce qui... Ce... que	P. 80/8,9 P. 87/10
Comparer	P. 47/1 P. 57/8 P. 72/6
Comprendre un texte	P. 9/9 P. 10/10 P. 17/9 P. 20/2 P. 21/3 P. 25/3 P. 26/1 P. 27/2 P. 29/6 P. 30/7 P. 33/11, 12 P. 34/13 P. 41/13 P. 46/13 P. 48/3 P. 49/4 P. 53/2 P. 58/10 P. 62/1 P. 64/7 P. 70/3 P. 75/10 P. 89/7 P. 88/12 P. 84/3
Concordance des temps	P. 37/4
Conditionnel	P. 55/5 P. 56/6,7
Conditionnel passé	P. 77/2,3 P. 83/2
Connecteurs	P. 23/7 P. 57/8 P. 78/4 P. 86/7
Conseils	P. 15/3 P. 21/4 P. 87/11
Débat	P. 79/7
Décrire	P. 16/5 P. 28/4 P. 44/7
Discours rapporté	P. 36/2
Donner un avis	P. 23/3 P. 24/11 P. 81/11
Donner une définition	P. 15/4
Expliquer quelque chose	P. 27/2 P. 29/5 P. 30/7 P. 41/13 P. 44/9,10 P. 46/13 P. 48/3 P. 49/4 P. 58/10 P. 60/13 P. 70/3 P. 75/10 P. 88/12
Expression écrite : courrier	P. 18/11 P. 19/12 P. 29/5 P. 40/12 P. 42/2 P. 43/5,6 P. 44/7 P. 59/11 P. 60/14 P. 66/13 P. 76/11
Expressions imagées	P. 38/8,9
Famille de mots	P. 12/16 P. 63/3 P. 71/4 P. 86/8
Fréquence	P. 16/7 P. 40/11
Indicateurs de temps	P. 9/8 P. 33/11 P. 65/10 P. 67/16 P. 68/17
Modalités (sur, possible...)	P. 47/2
Opinion	P. 20/1,2 P. 22/5,6 P. 23/9 P. 24/10 P. 50/5,6,7,8 P. 52/10 P. 77 / 1 P. 78/5 P. 81/10 P. 84/3
Opposition	P. 23/8
Passif	P. 11/13,14 P. 32/9
Préfixes / Suffixes	P. 25/12 P. 51/9 P. 63/4,5,6 P. 64/8 P. 69/12
Ponctuation	P. 11/12 P. 19/13
Projets	P. 66/12,13
Pronoms	P. 42/3 P. 43/4 P. 52/11

Pronoms relatifs	P. 7/3,4,5 P. 16/6 P. 32/8 P. 54/4 P. 73/7
Pourcentages	P. 14/1 P. 42/1 P. 44/8 P. 45/11,12 P. 72/5 P. 83/1
Quantifier	P. 14/2 P. 57/8
Récit oral	P. 6/2 P. 8/7 P. 67/14
Récit écrit	P. 8/6 P10/11 P. 13/17 P. 33/11 P. 34/12 P. 62/1 P. 64/7 P. 64/9 P. 67/15
Reformulation	P. 27/3 P. 39/10 P. 47/12 P. 51/8
Reprises (anaphore)	P. 53/1,2 P. 54/3 P. 87/9
Selon / d 'après	P. 59/12
Syntaxe des verbes	P. 12/15 P. 19/14 P. 37/5 P. 52/13 P. 62/2 P. 73/8 P. 81/12
Temps du passé	P. 13/17,18 P. 66/11
Subjonctif	P. 17/8 P. 32/10 P. 40/11

PARCOURS 1

Séquence 1 ✳ *Raconter* 6

Séquence 2 ✳ *Décrire / Expliquer* 14

Séquence 3 ✳ *Argumenter* 20

Séquence 4 ✳ *Pratique des discours* 26

1 Nourriture de tous les pays   *it's about*

a) Écoutez les enregistrements et trouvez de quel pays il s'agit.

a. France   ➜ Enr. n° ....
b. Finlande   ➜ Enr. n° ....
c. Maroc   ➜ Enr. n° ....
d. Vietnam   ➜ Enr. n° ....

e. Sénégal   ➜ Enr. n° ....
f. USA   ➜ Enr. n° ....
g. Japon   ➜ Enr. n° ....

b) Sur le même modèle, écrivez ce qu'un touriste qui a visité votre pays pourrait dire.

. . . .

. . . .

2 Une journée super !

Écoutez le récit de la journée de Virginie et de Robin, prenez des notes sur les activités réalisées et remettez-les dans l'ordre chronologique.

Moments de la journée	Activités / actions
1. 6 h :	départ à la mer
2. le matin :	
3. midi :	
4. l'après-midi :	
5. fin d'après-midi :	
6. 21 h :	

Moments de la journée	Activités / actions
1. samedi :	courses : achat de livres
2. dimanche, 7 h :	
3. 7 h 30 :	
4. matinée :	
5. midi :	
6. l'après-midi :	
7. 18 h :	
8. 20 h :	

3 Pronoms relatifs

Complétez avec le pronom relatif qui convient.

1. Tu sais, c'est le reportage ...que... [obj] [dont → of what, of whom] je t'ai parlé hier.
2. Le film ...qui... [sub que] j'ai regardé hier soir à la télé n'était vraiment pas intéressant.
3. Toulouse, c'est la ville ...où... [obj] j'ai fait mes études.
4. Vous vous souvenez du problème ...que... [obj] [dont] je vous ai parlé hier ?
5. Toulouse, c'est la ville ...que... [obj] je préfère dans le Sud.
6. Je te présente Robin, l'ami ...qui... [sub] m'a aidé à trouver du travail.
7. J'avais complètement oublié l'histoire ...que... [obj] [qui] est arrivée à Amélie il y a quelques années.
8. Vous pouvez payer une somme ...que... [obj] correspond à 50 % de votre achat.
9. L'île ...où... [sub] j'aime passer mes vacances, c'est Chios.
10. Vous connaissez le livre de Le Clézio ...que... [obj] tout le monde parle ? [dont]

[handwritten note at right]: Pour connaître le pronom propre, est-ce que nous décider de ce rôle à la phrase sans pronom savant que nous leur joindre (?)

4 Pronoms relatifs

Reliez les deux phrases par un pronom relatif.

1. C'est mon ami. Il est architecte.

C'est mon ami qui est architecte. ✓

2. Je t'ai acheté un livre la semaine dernière. Tu as lu ce livre ?

(Est-ce que) tu as lu ce livre que je t'ai acheté la semaine dernière ? ✓

3. C'est la collègue de Jacques. Je t'ai parlé d'elle hier.

C'est la collègue de Jacques dont je t'ai parlé hier. ✓

4. Je viens d'acheter un caméscope. Je t'en avais parlé samedi quand nous sommes allés faire des courses.

Je viens d'acheter le caméscope dont je t'avais parlé samedi. ✓

5. Vanessa a deux enfants. Ils ont 5 et 7 ans.

Vanessa a deux enfants qui ont 5 et 7 ans.

6. Ce plat est fait à partir d'une recette traditionnelle. Ma grand-mère me l'a apprise.

Ce plat est fait à partir d'une recette traditionnelle que ma grand-mère m'a apprise ✓

7. Ce village s'appelle Colombey. Le général de Gaulle y est né.

... ... où le général de Gaulle est né.

8. Cette île, c'est Santorin. Je rêve de passer des vacances ici.

... ..., ... où je rêve de passer des vacances.

5 Pronoms relatifs

Complétez la phrase en fonction du pronom relatif.

1. C'est la fille dont :
   - ☐ j'aime.
   - ☑ je suis amoureux.
   - ☐ est ma voisine.

[handwritten note]: → est qu'on utilise dont après les noms ou adjectifs ou verbs qu'il ont une préposition supplémentaire comme de, à --- (?)

2. L'ami qui … est grec.
- ☑ m'a indiqué ce restaurant
- ☐ le restaurant
- ☐ il y a un bon restaurant ← *(?)*

3. Je viens d'acheter la maison dont :
- ☐ j'avais repéré.
- ☐ il y a une piscine.
- ☑ je rêvais. → *parceque je rêvais de (?)*

4. La maison où … a été détruite.
- ☐ je voulais acheter → *COD → que → ?*
- ☑ je suis né
- ☐ me plaît beaucoup → *COD → que*

5. Le dernier film de Wenders que … ne m'a pas enthousiasmé.
- ☑ j'ai vu
- ☐ est sorti → *sujet → qui*
- ☐ s'appelle *Jazz* → *sujet → qui → ?*

6. Les amis qui … arrivent de Rio :
- ☑ vont venir ce week-end.
- ☐ je t'ai parlé. → *dont → ?*
- ☐ tu connais. → *COD → que*

6 Récit

Mettez les temps du passé qui conviennent.

J'(faire) *ai fait* ✓ un rêve étrange. J'(être) *étais* ✓ au bord de la mer. Il (y avoir) *y avait* ✓ du vent. J'(être) *étais* ✓ assise sur des rochers, je (manger) *mangeais* une glace que j'(acheter) *avais acheté(e)* à un vendeur ambulant. Un homme (arriver) *est arrivé* , il (porter) *a porté / portait* un costume. Avant de s'approcher de moi, il (s'arrêter) *s'avait / s'est arrêté* auprès du vendeur ambulant pour lui parler, il (faire) *a fait / faisait* de grands gestes. Il m'(demander) *a demandé* ✓ si je (pouvoir) *a pu / pouvais* lui donner ma glace; il m'(expliquer) *a expliqué* ✓ qu'il (penser) *avait pensé / pensait* qu'il (y avoir) *y a eu / avait* un problème avec les glaces du vendeur. Je lui (tendre) *ai tendu* ma glace et il (partir) *est parti* en courant. Bizarre, non ?

7 Récit à l'oral

Écoutez ces extraits et répondez aux questions.

	vrai	faux
1. Jeanne est allée à Bordeaux.	☐	☐
2. Marc est allé à Paris.	☐	☐
3. Alain est allé à la Martinique.	☐	☐
4. Hélène est allée à Megève.	☐	☐
5. Jeanne a fait du ski.	☐	☐
6. Elle est allée dans les Landes.	☐	☐
7. Alice est allée à Megève mais il n'y avait pas de neige.	☐	☐
8. Alain est allé à la Martinique mais il faisait froid.	☐	☐
9. Hélène a eu un accident de ski.	☐	☐
10. Hélène ira quand même faire du ski en mars.	☐	☐

8) La durée

Choisissez.

1. J'en ai assez, ... trois heures que je t'attends !
   ça fait / depuis / pendant ✓

2. Viens manger ! Tu travailles .... ce matin !
   depuis / pendant / longtemps ✓

3. .... déjà une heure qu'il est parti.
   Il y a / Depuis / Pendant ✓

est-ce que leur différence seulment sur leurs sens ?

4. On s'est marié .... deux heures.
   pendant / **il y a** ✓

5. Il est réveillé .... une heure.
   il y a / **depuis** / ça fait ✓

9) 1er avril : Bruxelles propose d'interdire les œufs à simple coque

Lisez le texte et répondez aux questions.

Bruxelles (AFP - 12 h 45)

a soft-boiled egg

La Commission européenne a proposé mardi d'interdire les œufs à simple coque afin de garantir la qualité et la solidité des œufs sur l'ensemble du territoire européen. « Il est en effet très fréquent de trouver des œufs brisés ou ébréchés dans le supermarché ou l'épicerie du coin », écrit-elle dans un communiqué.

desomesolid   *supermarket*   *grocer's shop*

Selon la Commission, « les œufs destinés à une longue préparation – ou œufs durs – devront être à double coquille, tandis que les œufs destinés à une préparation rapide ou œufs au plat, voire œufs brouillés, pourront se limiter à une simple coquille ».

while

egg-shell

La décision devrait également renforcer « la position des pays périphériques qui doivent souvent faire transporter leurs œufs sur plusieurs milliers de kilomètres », écrit la Commission.

rendre compte de quelque chose = to realize sth

	vrai	faux
1. Ce texte rend compte d'une décision de la Commission européenne.	☐	☐
2. Elle a publié une loi. *law*	☐	☐
3. Il s'agit du problème des navires à double coque. *ship*	☐	☐
4. L'objectif est de garantir la qualité des œufs. *its about*	☐	☐
5. Il y a une différence entre les œufs à préparation rapide ou longue.	☐	☐
6. Cette décision va bénéficier aux pays du centre de l'Europe.	☐	☐
7. C'est une plaisanterie pour le premier avril.	☐	☐

10 Traditions : premier avril

Rétablissez l'ordre du texte.

A. Pourquoi poisson ? Deux explications existent : la première est liée au fait que c'est la fin du carême, période d'abstinence pour les chrétiens et que, pendant le carême, les gens mangeaient du poisson à la place de la viande et qu'ils étaient par conséquent dégoûtés du poisson.

B. Dans de nombreux pays, le premier avril signifie plaisanteries de toutes sortes, mais en France et dans plusieurs pays francophones, on associe premier avril et poisson.

C. L'autre explication donnée, c'est que le poisson serait à l'origine d'une blague ; en avril, période de reproduction des poissons, la pêche est interdite et envoyer quelqu'un chercher du poisson, c'est lui demander quelque chose d'impossible.

D. Et ces cadeaux se sont transformés en plaisanteries et farces.

E. Un peu d'histoire : l'origine des farces du premier avril est historique. En effet, autrefois, l'année commençait le premier avril. Charles IX décida en 1564 que l'année commencerait désormais le premier janvier mais beaucoup de gens continuèrent de se faire des cadeaux « pour rire » le premier avril.

1.	2.	3.	4.	5.
B	A	C	E	D

(annotations manuscrites : E D C A au-dessus du tableau ; Utilize passé composé + imparfait + plus que parfait)

11 Raconter un fait divers

À partir du titre et des indications, rédigez un fait divers.

1. Les plages du Sud-Ouest envahies par la marée noire. 29 octobre.
Naufrage pétrolier *Célia* au large des côtes Espagne, 15 octobre. Marée noire Espagne. Déplacement des nappes de pétrole vers la France. Aucune mesure efficace pour arrêter désastre. Arrivée du pétrole sur côtes françaises. Mobilisation de l'armée pour lutter contre catastrophe.

Les . . . .

. . . .

2. Une bijouterie cambriolée en plein centre de Paris. 22 mai.
22 mai, midi, place Vendôme, irruption de deux malfaiteurs armés dans bijouterie, menacent clients et vendeurs, butin de 2 millions d'euros. Troisième cambriolage en six mois.

. . . .

. . . .

3. Le château de Versailles endommagé par un incendie.
5 heures du matin. Incendie dans l'aile gauche château. Arrivée immédiate des pompiers. Difficultés pour maîtriser l'incendie. Peu de dégâts. Deuxième incendie en quatre mois. Piste criminelle non exclue.

. . . .

. . . .

4. Deux pompiers blessés par un chauffard sur l'autoroute du Sud.
Nuit de dimanche à lundi, chauffard, 180 km / h, autoroute du Sud. Pompiers sur autoroute après accident entre deux véhicules.

. . . .

. . . .

12) Ponctuation

Mettez la ponctuation et les majuscules dans ce texte.

la semaine dernière je suis allé en italie pour mon travail je suis d'abord allé à turin puis à rome et j'ai terminé par florence à turin les gens étaient très accueillants je ne pensais pas que les gens étaient comme cela dans le nord à rome nous sommes beaucoup sortis le soir quelle ambiance il y a longtemps que je n'étais pas allé à rome à florence j'ai beaucoup travaillé mais j'ai eu quand même le temps de visiter le musée des offices c'est vraiment inoubliable en fait c'était un voyage d'affaires très sympathique j'aime vraiment l'italie

13) Passif

Dites si chaque phrase est à la voix passive ou non.

	oui	non
1. Marie est sortie par la porte de la cuisine.	☐	☑
2. Vous avez été agressé ?	☐	☑
3. Vous êtes passé par Montpellier ?	☐	☑
4. Environ 200 maisons ont été détruites par la tempête.	☐	☑
5. Cet homme est accablé par la misère.	☑	☐
6. Elle est arrivée ici par hasard.	☐	☑
7. Marc a été aidé par un psychologue après son accident.	☑	☐
8. Anne est décidée à acheter une voiture.	☐	☑

*les signes de passif →si le verb est passificable
→si il y a être + participe pas adjectifou--
→si il y a par peut-être est une passif.*

14) Passif

Mettez à la voix passive les phrases qui peuvent être transformées.

1. Les chantiers de Saint-Nazaire ont construit le paquebot *Queen Mary 2*.

Le paquebot Queen Mary 2 a été construit par les chantier --- Nazi

2. J'ai acheté une voiture de luxe.

Une voiture de lux a été acheté par moi.

3. Le jury a attribué à Carla Bruni la victoire de la Musique.

La victoire de la musique a été attribué par le jury à Carla Bruni.

4. Mon grand-père a planté ces arbres.

Ces arbres ont été planté par mon grand-père.

5. À Tokyo, monsieur Tanaka vous accueillera.

vous

6. Ma sœur est arrivée ce matin d'Athènes.

. . . .

Le passif est toujour avec le verb être.

7. Alain s'est marié avec Vanessa.

....

8. Mon père a acheté cette maison pour rien il y a trente ans.

...Cette maison a été acheté par mon père pour rien il y a trente ans.

15 Syntaxe des verbes

Complétez avec à, *de*, *par*, *pour* ou aucune préposition.

1. Il faut manger ...pour... vivre et non vivre .... manger.

2. Je vais être obligée ....de.... partir dans cinq minutes.

3. Elle a fini ....par.... accepter d'aller voir un médecin.

4. Vous êtes prêt ...de à / par... partir au Cambodge ?

5. Vous passez ....à.... Lyon ?

6. Je n'ai pas arrêté ...par / de... voyager le mois dernier.

7. Je pense ...à...... partir à 6 heures du matin.

8. J'ai décidé ...de.... prendre une année sabbatique.

16 Famille de mots

Complétez les phrases avec un mot de la même famille.

1. **Saluer** / Veuillez recevoir mes meilleures ....
   saluts / salutations

2. **Courage** / Ce travail est trop difficile, je suis complètement ....
   découragé / encouragé

3. **Sauver** / La frégate *Azur* vient de réaliser son premier .... en mer.
   sauveur / sauvetage

4. **Association** / Notre organisation comporte 520 ....
   associés / dissociés

5. **Dire** / Il faut lui .... qu'il passe à la poste, j'ai peur qu'il oublie.
   redire / médire

6. **Vrai** / Vous voulez .... marcher dans la neige ?
   vraiment / invraisemblable

7. **Moderne** / La .... de nos services a commencé.
   modernisation / modernité

8. **Créer** / La .... d'emplois est notre priorité.
   créativité / création

9. **Réagir** / Face à ce problème, tu as vraiment eu la bonne ....
   réacteur / réaction

10. **Raison** / Ton fils est vraiment ....
    déraison / raisonnable

17 Temps du passé

Écrivez le récit en choisissant une possibilité pour chaque phrase et en mettant la ponctuation et les majuscules.

1. ☐ l'année dernière, je suis allée au Vietnam
   ☐ l'année dernière, j'allais au Vietnam

2. ☐ je suis arrivée à Hanoi
   ☐ j'arrivais à Hanoi

3. ☐ c'était une ville étonnante, calme, avec des parcs
   ☐ c'est une ville étonnante, calme, avec des parcs

4. ☐ j'ai dû rencontrer le directeur du centre culturel
   ☐ je devais rencontrer le directeur du centre culturel

5. ☐ car je devais préparer une exposition de photos
   ☐ car j'ai dû préparer une exposition de photos

6. ☐ il venait m'attendre à l'aéroport
   ☐ il est venu m'attendre à l'aéroport

7. ☐ c'est un homme très agréable et très compétent
   ☐ c'était un homme très agréable et très compétent

8. ☐ nous avons beaucoup travaillé
   ☐ nous travaillions beaucoup

9. ☐ mais nous avons aussi passé de bons moments
   ☐ mais nous passions aussi de bons moments

18 Passé composé / imparfait / plus-que-parfait

Complétez en choisissant.

1. Hier, il y .... un monde dans les magasins ! Tu sais pourquoi ?
   a eu / avait / avait eu

2. Marine habite dans un petit village, elle a restauré la maison que sa grand-mère ....
   il y a très longtemps.
   achetait / a acheté / avait acheté

3. La maison est restée ouverte ; tu te rappelles si tu .... la porte en partant ?
   avais fermé / fermais   *dans* → ?

4. J'ai appris que Marc ...a eu... un accident hier. Je l'.................. la veille, il était en
   pleine forme.
   avait / a eu / avait eu   **avais vu / voyais**

5. La dernière fois que vous avez appelé notre agence, vous .... vos coordonnées ?
   Je ne trouve pas de fiche à votre nom.
   aviez laissé / laissiez

6. Avant, il .... de maisons dans ce secteur, et puis tout a été construit.
   n'y a pas eu / n'y avait pas

7. Vous .... du bateau quand l'accident s'est produit ?
   étiez déjà descendu / êtes déjà descendu

8. Avant d'avoir ce problème de santé, vous .... une alerte ?
   avez déjà eu / aviez déjà eu

1) Statistiques

Rédigez un commentaire à partir de ces informations en utilisant d'autres formulations que les pourcentages.

La France high-tech
- 40 % des foyers français ont un ordinateur.
- 30 % des foyers français sont connectés à Internet.
- 64 % des Français possèdent un téléphone mobile.
- 74 % de la population a accès au haut débit, mais cette population est concentrée sur seulement 21 % du territoire.
- 77 % des PME disposent d'un accès Internet.

. . . .
. . . .
. . . .

2) Durée du temps de travail

a) À partir des éléments qui suivent, rédigez un texte court expliquant l'évolution de la durée du temps de travail et des congés en France.

- 1900 : 70 heures hebdomadaires.
- 1906 : semaine de 60 heures, le dimanche : jour chômé.
- 1919 : 8 heures par jour.
- 1936 : le Front populaire crée les congés payés (deux semaines), 40 heures par semaine.
- 1982 : 39 heures par semaine et 5e semaine de congés payés.
- 2000 : 35 heures par semaine.

. . . .
. . . .
. . . .

b) Lisez le texte qui suit et répondez au questionnaire.

En 1896, en France, un salarié travaillait en moyenne 2 913 heures par an. La population active occupée était de 20,6 millions de travailleurs. L'économie employait donc 60,1 milliards d'heures de travail humain.

En 1991, un salarié travaillait en moyenne 1 537 heures par an. La population active occupée était de 22,2 millions de travailleurs. L'économie n'utilisait donc plus que 34,1 milliards d'heures de travail humain.

Si les salariés d'aujourd'hui travaillaient 2 913 heures par an comme en 1896, la population active occupée ne serait que de 11,7 millions. Dans ce cas, la France compterait 10,5 millions de chômeurs de plus.

C'est la réduction de près de la moitié de la durée du travail qui a créé ces dix millions d'emplois.

	vrai	faux
1. Entre 1896 et 1991, le nombre d'heures de travail humain a augmenté.	☐	☐
2. Entre 1896 et 1991, la population active a augmenté.	☐	☐
3. Si la population travaillait le même nombre d'heures qu'en 1896, il y aurait 10,5 millions de chômeurs supplémentaires.	☐	☐
4. Entre 1896 et aujourd'hui, la durée du travail a été diminuée d'un quart.	☐	☐
5. En 1991, un salarié travaillait un peu moins de 1 600 heures par an.	☐	☐

3 Conseils du facteur

Regardez comment est rédigée cette adresse et retrouvez les conseils du facteur.

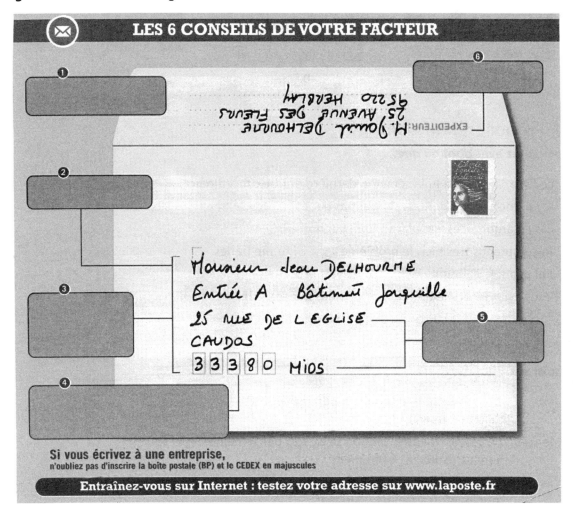

LES 6 CONSEILS DE VOTRE FACTEUR

EXPEDITEUR : M. Gérard DELHOURME
25, Avenue des Fleurs
95220 HERBLAY

Monsieur Jean DELHOURME
Entrée A Bâtiment Jonquille
25 rue DE L EGLISE
CAUDOS
33380 MIOS

Si vous écrivez à une entreprise,
n'oubliez pas d'inscrire la boîte postale (BP) et le CEDEX en majuscules

Entraînez-vous sur Internet : testez votre adresse sur www.laposte.fr

4 Devinettes

Écoutez et dites de quel objet il s'agit.

1. une bague → Enr. n ° ......

2. une bicyclette → Enr. n ° ......

3. une balle → Enr. n ° ......

4. des fleurs → Enr. n ° ......

5. un sac → Enr. n ° ......

6. un quotidien → Enr. n ° ......

7. un ordinateur → Enr. n ° ......

8. un téléphone portable → Enr. n ° ......

5 Appartement

Écoutez les trois enregistrements, regardez les trois plans et dites quel est l'appartement de chaque personne.

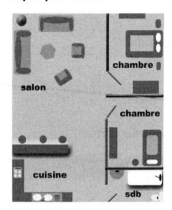

A. ......

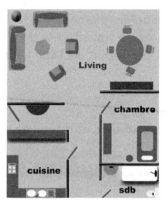

B. ......

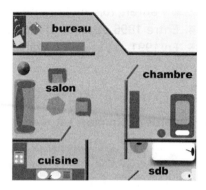

C. ......

6 Pronom relatif *dont*

Complétez avec *dont* ou *que*.

1. Le livre .... j'ai lu la semaine dernière était extraordinaire.

2. Il y a une chose .... je ne t'ai pas parlé.

3. Les escargots, c'est un plat .... j'ai horreur.

4. Je comprends très bien le problème .... tu me parles.

5. J'ai choisi la solution .... tu m'avais proposée.

6. Vous avez acheté le disque .... nous avons parlé.

7 Fréquence

Choisissez. *Pas jamais porce que ll n'y a Pas (ne)*

1. J'ai .... pensé que tu serais un bon professeur. *(e)*
   jamais / souvent / une fois

2. Je vais .... au théâtre, une ou deux fois par semaine.
   jamais / souvent / rarement

3. Je ne connais pas du tout Lille, je n'y suis .... allé.
   quelquefois / jamais / souvent

4. Cela m'arrive .... de déjeuner au restaurant avec des collègues, c'est assez rare.
   souvent / toujours / parfois

5. Je ne regarde .... la télévision, je ne l'ai pas.
   jamais / toujours / rarement

6. En sortant du lycée, on va .... jouer au football, deux ou trois fois par semaine.
   parfois / souvent / toujours

le bac
highschool (10, 11, 12) *Rousseau philosophy*
6 - 9 → collège
1 - 5 primaire
étudiant = university student
l'école maternelle → kindergarden

8 Subjonctif

Complétez les phrases en utilisant le subjonctif ou l'indicatif.

1. Je suis sûr que tu (avoir) .... une bonne note.

2. Il faut absolument que tu (aller) .... au secrétariat.

3. Je souhaite qu'il (partir) .... le plus tôt possible.

4. Je crois que Marie (pouvoir) .... m'aider.

5. J'ai peur qu'il ne (être) .... pas à l'heure.

6. Vous voulez que je (faire) .... ce travail.

7. J'aime beaucoup cette ville bien qu'il y (avoir) .... peu de choses à voir.

8. Je suis certain que Laurent (venir) ....

9 Elle est née la divine enfant[1]

Lisez l'article et répondez aux questions.

Quelques jours après Noël, le 28 décembre à 19 h 32, Clotilde a donné naissance à une petite fille. Une petite princesse, puisque nous parlons ici de Clotilde Courau et de son mari, le prince Emanuele de Savoie. Cet amour de bébé, prénommé Vittoria Cristina Adelaide Chiara Maria, se trouve déjà sur la voie royale… Pourquoi ?

– Parce que c'est une héritière du roi d'Italie, son arrière-grand-père… Donc elle est née sous le signe de la dolce vita[2]. Rome, Venise, Naples seront ses endroits de villégiature… Elle est pas belle sa vie ?

– Parce qu'elle pourra à la fois réussir dans les arts et spectacles comme sa mère (en évitant de trop approcher la grande famille du cirque…) ou embrasser une brillante carrière de golden girl[3] comme son père.

– Parce que tout le monde l'aime déjà, surtout nous, qui avions élu Clotilde notre princesse de cœur. Félicitations !

Elle magazine, Sylvia Jorif, 5 janvier 2004.

1. Qu'est-ce qu'annonce cet article ?

. . . .

2. Combien de prénoms a la petite fille ?

. . . .

3. Pourquoi est-elle princesse ?

. . . .

4. Que font ses parents ?

. . . .

5. Où va-t-elle vivre ?

. . . .

6. Quelle allusion fait-on à l'Italie ?

. . . .

---

1. Ce titre reprend une chanson : *Il est né le divin enfant*, que l'on chante à Noël et qui fait référence à la naissance de Jésus.

2. Locution italienne, « la belle vie », répandue en France après le film de Federico Fellini, *La Dolce Vita* (1960), et qui désigne une forme de vie un peu paresseuse et aisée.

3. Référence aux golden boys, « garçons dorés », symbole d'une jeunesse qui n'a pas de problèmes financiers.

10) Trois raisons de…

Continuez les textes.

1. Trois raisons de faire du sport

Faites du sport :

– parce que vous serez en meilleure santé ;

– parce que . . . .

– parce que . . . .

2. Trois raisons de regarder la télévision

Quand on apprend une langue étrangère, c'est important de regarder la télévision :

– parce que . . . .

– parce que . . . .

– parce que . . . .

11) Hôtel

Lisez la réponse à la lettre d'un lecteur, puis avec les indications qui suivent, rédigez la lettre du lecteur.

Un commerçant a le droit de ne pas accepter les chèques, ou de ne les accepter qu'au-delà d'un montant minimal, à condition d'en informer le consommateur (tel est souvent le cas, par exemple au moyen d'une affichette sur la porte d'entrée du magasin ou à l'accueil). En revanche, le professionnel est tenu d'accepter les règlements par chèque lorsqu'il est adhérent d'un centre de paiement agréé. S'il n'y avait aucune information sur le refus de chèques à l'hôtel, vous pouvez écrire à la direction départementale de la concurrence, de la consommation et de la répression des fraudes.

Que choisir, n° 406.

• Arrivée Amiens le soir.

• Chambre libre dans un seul hôtel.

• Hôtel refuse les chèques.

• Pas de carte bancaire, pas de liquide.

• Avis du spécialiste ?

• Franck S., La Norville.

12 Carburant

Lisez la lettre d'un lecteur et, à l'aide des indications, rédigez la réponse du spécialiste.

Vivant près de la frontière belge où l'essence est moins chère, je voudrais savoir s'il y a une différence de qualité entre le carburant acheté en France et celui vendu en Belgique. Et, plus généralement, est-ce qu'il y a une différence de qualité entre les carburants des stations-service aux marques des compagnies pétrolières et celles des grandes surfaces ?

Anne-Solène P., Hem
Que choisir, n° 406.

Éléments de réponse :
- Aucune différence France / Belgique.
- Exigences de qualité fixées par Bruxelles.
- France : concurrence entre stations-service et grandes surfaces, peu importe réseaux de distribution, mêmes exigences.

. . . .

. . . .

. . . .

. . . .

13 Ponctuation

Mettez la ponctuation et les majuscules dans les textes qui suivent.

1. c'est un appareil qui sert à s'orienter il est composé d'un boîtier et d'une flèche qui indique le nord c'est une boussole

2. j'ai acheté une nouvelle voiture elle est rouge décapotable elle me plaît beaucoup

3. ma nouvelle maison elle est grande cinq pièces il y a un grand salon avec une cheminée une terrasse et un jardin c'est à dix minutes de mon travail

14 Prépositions *de / à*

Complétez avec *à* ou *de*.

1. Tu es sûre .... partir ?

2. Vous êtes content .... votre nouvelle voiture ?

3. C'est très facile .... comprendre !

4. Je suis heureuse .... vous accueillir.

5. Cet exercice est impossible .... faire !

6. Ce document est intéressant .... étudier.

7. C'est vraiment difficile .... partir.

8. C'est intéressant .... voir ce film.

1) Repérer une opinion

Écoutez et remplissez le tableau.

	De qul parle-t-on ?	Est-ce que l'opinion sur la personne est positive ou négative ?	Quels mots expriment l'opinion ?
1.			
2.			
3.			

2) Halte à la censure !

Lisez la lettre et répondez aux questions.

Chanter la vie, l'émission diffusée le 14 décembre sur France 2, fut un pur moment de bonheur. Il est rare, en effet, de pouvoir écouter Tino Rossi, ce Corse à la voix de velours qui ne chante que l'amour. À quel titre, de quel droit les programmateurs télé et radio pratiquent-ils l'exclusion de ce merveilleux interprète ? Le CSA[1] devrait veiller à cela et calmer ces censeurs payés, pour certains, avec nos redevances[2]. Merci à Pascal Sevran, un homme juste et sensible qui mériterait de présenter des émissions en prime time !

Dominique B. (Villiers-le-Bel)

L'Est républicain, programme TV, 18 janvier 2004.

1. De quelle émission s'agit-il ?

. . . .

2. De quel animateur parle l'auteur de la lettre ?

. . . .

3. Quel chanteur aime-t-il ?

. . . .

4. Qu'est-ce qui caractérise ce chanteur ?

. . . .

5. Contre qui l'auteur de la lettre proteste-t-il ?

. . . .

---

1. Comité de Surveillance de l'Audiovisuel.

2. Impôt sur la télévision, qui finance en partie les chaînes publiques.

3) Donner son avis

Faites correspondre le conseil qui convient à chaque problème.

1. Ma fille qui a 16 ans ne fait rien à l'école. Elle est en seconde et j'ai peur qu'elle se désintéresse complètement de l'école. Quand j'essaie de parler avec elle, elle s'enferme dans sa chambre. Elle reste des heures à ne rien faire et à écouter de la musique.

2. Je suis en première et je m'ennuie au lycée, la moitié des cours me semblent inutiles, mes camarades de classe ne me parlent pas ; j'ai l'impression de perdre mon temps et j'ai peur d'être incapable de m'intéresser à quelque chose dans la vie.

3. Vanessa, ma fille, a 17 ans, elle ne s'intéresse qu'à ses études. Quand elle rentre du lycée, elle passe son temps à faire ses devoirs, rien d'autre ne l'intéresse. Je pense qu'elle s'enferme dans son travail et qu'elle refuse toute vie familiale, elle ne veut jamais sortir. Cela m'inquiète.

A. Il se peut que cette période de votre vie soit difficile, mais vous n'êtes pas la seule à traverser ce genre de crise. Vous pourriez essayer d'en parler avec votre entourage, vos parents. Adoptez une attitude positive, demandez vous ce qui vous intéresse vraiment, faites un pas vers les autres, faites vous plaisir de temps en temps dans des activités hors de l'école et vous verrez que les choses peuvent changer rapidement.

B. Vous devriez peut-être parler avec votre fille et essayer de comprendre son comportement. Vous pourriez lui proposer régulièrement des activités, il faut l'encourager dans son travail tout en lui montrant qu'elle peut faire d'autres choses et que ce qui l'entoure présente aussi beaucoup d'intérêt.

C. Il s'agit peut-être d'une période difficile que traversent beaucoup d'adolescents. Il est sûrement préférable de ne pas vous bloquer sur ses problèmes scolaires. Proposez-lui des activités, essayez de vous intéresser à ses centres d'intérêt et surtout ayez de la patience !

1.	2.	3.

4) Conseils

Maintenant répondez en donnant des conseils.

1. Mon fils a 14 ans, il est très violent dans ses rapports avec les autres, il a sans cesse des problèmes au collège. Il aime regarder des films violents, il ne communique pas avec nous à la maison. Je ne sais pas comment nous devons nous comporter avec lui.

. . . .

. . . .

. . . .

2. J'ai 15 ans, j'ai des parents très sympas, deux sœurs avec qui je m'entends bien, mais je passe tout mon temps libre devant la télévision. Je fais toujours mon travail pour le lycée au dernier moment, je regarde la télévision très tard, alors le matin j'ai du mal à me lever, je suis fatigué toute la journée, je n'arrive pas à me détacher de ma télé. Je ne sors pas, je ne fais pas de sport.

. . . .

. . . .

. . . .

3. Je m'appelle Irma, j'ai 18 ans, je n'ai pas de petit ami, je n'arrive pas à parler aux garçons. Toutes mes amies ont un copain et je ne comprends pas pourquoi je suis différente, je suis plutôt jolie, je m'intéresse à plein de choses.

. . . .

. . . .

. . . .

5) Opinion

Écoutez les opinions et dites de quelle activité chaque personne parle.

a. Jouer au football. ➜ Enr. n° ......

b. Vivre à la campagne. ➜ Enr. n° ......

c. Faire du footing. ➜ Enr. n° ......

d. Aller au café. ➜ Enr. n° ......

e. Apprendre des langues étrangères. ➜ Enr. n° ......

6) Qu'en pensez-vous ?

Choisissez un thème et donnez votre opinion en quelques lignes.

- Les enfants regardent trop la télévision.
- Il est indispensable de faire des études pour réussir dans la vie.
- Les Français ont trop d'animaux domestiques.
- Dans beaucoup de sociétés, on n'accorde pas beaucoup d'intérêt aux personnes âgées.
- Il est important de lutter contre la pollution de la planète.

. . . .

. . . .

. . . .

. . . .

. . . .

7) Connecteurs

Complétez en utilisant *même si, bien que, mais, par contre, en revanche, si bien que*.

1. Jacques est un garçon très agréable, ... son frère Pascal est vraiment antipathique.

2. Je souhaite que nous déjeunions ensemble, ... j'ai peu de temps.

3. Il y a beaucoup de monde à ce spectacle, ... heureusement nous avons deux places réservées.

4. Je suis tombé malade .... je n'ai pas pu partir au Vietnam.

5. Je ne veux pas d'apéritif, ... je prendrai volontiers un jus de fruits.

6. Je parle un peu portugais, assez mal, ... je parle correctement espagnol.

7. Viens à cette soirée, ... tu es fatigué. Cette soirée te détendra.

8. Je n'ai pas trouvé *Le Monde* .... j'ai acheté *Libération*.

8) Opposition

Les phrases suivantes expriment-elles une opposition ?

	oui	non
1. J'étais très fatiguée, je suis rentrée à la maison.	☐	☐
2. Julien est en pleine forme alors qu'il vient d'être licencié.	☐	☐
3. Jeanne est très compétente et pourtant elle ne trouve pas de travail.	☐	☐
4. Comme on a des vacances, je vais partir une semaine en Grèce.	☐	☐
5. Puisque tu n'as rien à faire, viens m'aider.	☐	☐
6. J'aime bien Marine, par contre je n'arrive pas à trouver son copain sympathique.	☐	☐
7. Malgré ses difficultés, Anne-Marie est toujours de bonne humeur.	☐	☐
8. Je ne suis pas d'accord avec vous parce que vous exagérez.	☐	☐

9) Opinion

Complétez avec *vraiment, assez, plutôt, complètement, un peu*.

1. Il est .... génial, ton copain, il connaît tout le monde dans cette ville.

2. Ce que tu viens de dire, c'est .... idiot, tu me déçois !

3. Julie est .... grande, ... jolie, elle est pas mal !

4. Cette fille est .... trop compliquée pour moi.

5. C'est moyen, ce film, ... intéressant mais ce n'est pas un chef-d'œuvre.

6. C'est .... difficile de me décider, je n'arrive pas à choisir entre ces deux voitures.

7. Ce garçon est .... gentil, il est toujours prêt à rendre service.

8. Je suis .... content de mon nouveau travail.

10) Critiques

Lisez les documents suivants et dites si la critique est positive ou négative. Relevez les mots et les expressions qui servent à donner une opinion.

1. *Il est plus facile pour un chameau...,* Valeria Bruni-Tedeschi

Pour un premier film, c'est une réussite. L'actrice, dans son premier travail comme réalisatrice, nous propose une superbe comédie, drôle et émouvante. Les acteurs (y compris Valeria Bruni-Tedeschi) sont extraordinaires : Chiara Mastroianni, Jean-Hugues Anglade, Lambert Wilson...

2. *Rien de grave,* Justine Lévy

Le roman de la fille du célèbre philosophe est conforme à son titre. Elle nous raconte une histoire peu originale, la fin d'un amour. Mais son écriture alerte est captivante, son ton, juste. Malgré les clichés, on sort finalement ému de cette lecture.

3. *Une vieille connaissance,* Marc Thiers

Marc Thiers nous avait habitués à beaucoup mieux ; son dernier roman est construit sur une intrigue un peu tirée par les cheveux ou tout au moins déjà lue : la rencontre de deux êtres qui se retrouvent après vingt ans. Ce roman manque d'élan, quelques pages assez drôles qui n'arrivent pas à faire oublier la banalité.

	Critique positive	Critique négative	Mots / expressions pour donner une opinion
1.			
2.			
3.			

11) Avis contraire

Pour chaque extrait, donnez l'avis inverse.

1. Je trouve ce film vraiment intéressant et original.

. . . .

2. Le premier roman de ce jeune auteur n'est pas complètement inintéressant mais on attendait mieux.

. . . .

3. La copine de Luc est très sympa, elle a beaucoup d'humour et de charme.

. . . .

4. Je suis allé voir l'exposition de Paul Gard, c'est un sculpteur de talent, il crée des choses incroyables.

. . . .

5. Tu as vu le dernier spectacle de Fania ? Elle danse pendant deux heures et on a l'impression que cela a duré cinq minutes. Génial !

. . . .

6. J'ai vu l'exposition *Regards de Chine*, j'ai été un peu déçue : au niveau peinture, il n'y a pas grand-chose d'intéressant. Il y a quelques photos qui m'ont plu.

. . . .

12 Formation des mots

Complétez avec *inacceptable, impossible, incroyable, inimaginable, inintéressant.*

1. Votre attitude est ...., je ne peux accepter cela.

2. Il m'a fait une proposition complètement ...., je ne peux pas perdre le tiers de mon salaire.

3. Ne va pas voir ce film, c'est ...., je me suis ennuyé à mourir.

4. .... ! J'ai trouvé la maison de mes rêves, je commençais à désespérer.

5. Tu sais ce qui vient de m'arriver, c'est ...., j'ai gagné 5 000 euros au loto.

6. Je ne peux pas vous accorder une semaine de vacances, c'est ...., nous n'avons jamais eu autant de travail.

13 Élections

Écoutez les déclarations du candidat aux élections régionales, relevez les thèmes et les propositions pour chaque thème.

	Thèmes	Propositions
1.	Une formation rénovée.	– Création de 1 000 emplois jeunes. . . . .
2.	. . . .	. . . .
3.	. . . .	. . . .
4.	. . . .	. . . .
5.	. . . .	. . . .
6.	. . . .	. . . .

Pratique des discours

1 Biographie : Toussaint-Louverture

a) Lisez la biographie et répondez aux questions.

Né le 20 mai 1743, Toussaint-Louverture est le fils d'un roi du Bénin dont la tribu fut déportée sur l'île de Saint-Domingue pour travailler dans les plantations de café et de sucre. Il est affranchi en 1776, devient alors un homme libre et devient maître de biens et d'esclaves. En 1789, lorsque la Révolution française éclate, les esclaves noirs se révoltent. À cette date, les esclaves étaient 480 000 sur l'île, pour 30 000 colons blancs. Dans la nuit du 22 au 23 août 1791, Toussaint-Louverture prend la tête de l'insurrection. Il a une troupe de 2 000 hommes et occupe la partie est de l'île.

Après la proclamation de l'abolition de l'esclavage en France et dans toutes ses colonies en 1794, Toussaint-Louverture se rallie à la France. Il a maintenant 4 000 hommes sous ses ordres et contrôle un vaste territoire. Il est nommé général en chef de l'armée de Saint-Domingue en 1797.

En 1801, il prend le titre de gouverneur général à vie. Ce geste déplaît fortement à Bonaparte qui fait arrêter Toussaint-Louverture le 7 juin 1802.

Il décide de l'emprisonner dans un lieu loin de la côte pour limiter le risque d'évasion. C'est le fort de Joux, en Franche-Comté, qui est choisi. Toussaint-Louverture y arrive le 22 août 1802. Il n'a pas le droit de quitter sa cellule, ni de communiquer avec l'extérieur.

Il tombe malade très vite, n'étant pas habitué à la rudesse du climat du massif du Jura. Il meurt le 7 avril 1803. Malgré sa disparition, les luttes à Saint-Domingue se poursuivent et l'île devient indépendante le 1er janvier 1804. Saint-Domingue reprendra alors son nom d'origine, Haïti, signifiant en créole « terre montagneuse ».

1. Toussaint-Louverture est un homme libre à partir de :
- ☐ 1743.
- ☐ 1776.
- ☐ 1789.

2. Il est originaire :
- ☐ du Togo.
- ☐ du Bénin.
- ☐ d'Haïti.

	vrai	faux
3. En 1789, il y avait 30 000 esclaves affranchis.	☐	☐
4. Toussaint-Louverture est devenu roi de Saint-Domingue.	☐	☐
5. Bonaparte nomme Toussaint-Louverture gouverneur.	☐	☐
6. Toussaint-Louverture meurt au fort de Joux.	☐	☐

b) Maintenant, relevez les dates qui se trouvent dans ce texte et notez le ou les événements qui correspond(ent) à chaque date.

1743 : Naissance de Toussaint-Louverture.

. . . .

. . . .

. . . .

. . . .

2) Retrouvez l'info

Parmi les phrases proposées à la suite du texte, cochez celles qui donnent une information contenue dans le document.

Désormais, plus d'un tiers de la surface des paquets de cigarettes portent des inscriptions mettant en garde le consommateur contre les méfaits et les dangers du tabac : « Fumer tue », « Fumer peut provoquer le cancer ». D'autre part, une loi vise à interdire la vente de tabac aux moins de 16 ans. Ces initiatives n'ont qu'un seul objectif : empêcher les jeunes d'allumer leur première cigarette.

En France, le tabac tue chaque année 60 000 personnes, c'est-à-dire qu'il fait huit fois plus de victimes que les accidents de la route ! Il est la première cause de mortalité évitable. La lutte contre le tabagisme est donc une priorité absolue.

Mais l'un des principaux problèmes que rencontrent les pouvoirs publics dans leurs campagnes anti-tabac, c'est l'indiscipline des Français. Aux États-Unis, par exemple, l'interdiction de fumer dans les lieux publics et les lieux de travail est rigoureusement respectée. Il est interdit de fumer dans les cafés, les restaurants et les discothèques. Les amendes infligées aux contrevenants peuvent atteindre 2 000 dollars. En France, en revanche, règne un curieux état d'esprit : chaque citoyen se considère au-dessus des lois qui le dérangent. Ainsi, les mégots de cigarettes que l'on trouve partout sur le sol des gares, du métro ou des aéroports montrent que la législation anti-tabac n'est pas respectée.

1. Les Français et les Américains ont un comportement différent en ce qui concerne la réglementation anti-tabac. ☐
2. Le tabac est un fléau. ☐
3. Le tabac fait moins de victimes que les accidents de la route. ☐
4. Les campagnes contre le tabagisme s'adressent principalement aux jeunes. ☐
5. Un tiers des paquets de cigarettes vendus en France portent des messages anti-tabac. ☐
6. Les Français sont indisciplinés. ☐
7. En France, on peut fumer dans les aéroports. ☐
8. Aux États-Unis, on sanctionne sévèrement ceux qui ne respectent pas les interdictions de fumer. ☐
9. En France, il est interdit de jeter des mégots par terre. ☐
10. Pour acheter des cigarettes, il faut avoir au moins 16 ans. ☐

3) Cherchez l'info

Quelle est l'information donnée dans chacune des phrases suivantes ? Répondez en cochant la case correspondante.

1. On attend une nette amélioration de la météo dans les deux prochains jours.
   - ☐ Les conditions météorologiques seront un peu meilleures.
   - ☐ Le temps va s'améliorer sous quarante-huit heures.
   - ☐ On s'attend à un avis de tempête.

2. Les consommateurs anticipent la hausse du prix de l'essence.
   - ☐ Les automobilistes font le plein d'essence avant l'augmentation du prix des carburants.
   - ☐ La consommation nationale de produits pétroliers a considérablement augmenté.
   - ☐ On craint une augmentation du prix de l'essence.

3. L'augmentation de la pollution atmosphérique n'est pas sans conséquences sur la variation du climat.
- ☐ La pollution atmosphérique et les variations climatiques sont deux phénomènes indépendants.
- ☐ L'augmentation de la pollution ne modifie pas le climat.
- ☐ L'augmentation de la pollution atmosphérique entraîne des variations climatiques.

4. La nocivité de la cigarette n'est plus à démontrer.
- ☐ On n'a pas pu prouver que la cigarette est nuisible à la santé.
- ☐ Les scientifiques essaient de démontrer que la cigarette est un produit nocif.
- ☐ Il est clairement établi que le tabac est nocif.

5. Les diététiciens recommandent de boire 1,5 litre d'eau par jour au minimum.
- ☐ La consommation minimale quotidienne d'eau doit être de 1,5 litre.
- ☐ Il ne faut pas boire plus de 1,5 litre d'eau par jour.
- ☐ Pour maigrir, il faut boire 1,5 litre d'eau par jour.

4 Voyages, voyages

Écoutez chaque enregistrement et complétez les deux fiches sur les séjours proposés.

FRANCE
Belle-Île-en-Mer

Lieu:
Située à Locmaria, dans la partie orientale de l'île, l'hôtel . . . . vous offre un séjour de rêve.

Durée du séjour: . . . .

Prix: . . . . par personne.

Activités: . . . .

Site: . . . .

ESPAGNE

Long week-end à . . . . , hôtel La Pepita

- En plein cœur de la ville, et tout près . . . .
- 3 jours / 2 nuits, en demi-pension (restaurant gastronomique: . . . .
- . . . . par personne.
- Visite du . . . . et du . . . . d'Europe.
- Visite de . . . .
- Excursion . . . .

Tél.: . . . .

5 SNCF

Écoutez la conversation et rédigez la lettre de réclamation.

```
SNCF   BILLET        PARIS GARE LYON  →  MILANO CENTRALE
       A composter avant l'accès au train
                                          01 ADULTE

Dép 25/10 à 07H44 de PARIS GARE LYON    Classe 2  VOIT 05:  PLACE NO  58
Arr        à 13H49 à MILANO CENTRALE    01ASSIS
PERIODE DE POINTE      TGV  9261        SALLE             01FENETRE
PLEIN TARIF

Dép                                     classe 2
Arr

PLEIN TARIF
Prix par voyageur :      90.00                        Prix EUR     ** 90.00
     KM0361          :         KM0045      :DV 969670391    FRF     ** 590.36
     90.00          :    4.10             :CB 999999999  PARIS L VON FRESO  251003  06H42
BP PP      879696703914        B         :6B148E   Dossier  RFVQKT    Page 1/1
              08700060497286
```

```
. . . . . . . . . . . .
. . . . . . . . . . .
. . . . . . . . . . .
                         . . . . . . . . . . . .
. . . . . . . . . . .
. . . . . . . . . . . . . . . . . . . . .
. . . . . . . . . . . . . . . . . . . . .
. . . . . . . . . . . . . . . . . . . . .
. . . . . . . . . . . . . . . . . . . . .
. . . . . . . . . . . . . . . . . . . . .
. . . . . . . . . . . . . . . . . . . . .
. . . . . . . . . . . . . . . . . . . . .
         . . . . . . . . . . .
```

6 Fait divers

Lisez cet article et remplissez la grille.

HIER soir, vers 20 h, alors que M. Chevillard, agriculteur à Laisey, petit village situé en Haute-Saône, rentrait de sa journée de travail dans les champs, il a aperçu devant lui une lueur inhabituelle. Poussé par la curiosité, il a cherché à s'en approcher avec son tracteur. Plus M. Chevillard avançait et plus la lueur suspecte semblait s'éloigner, mais il voulait absolument savoir d'où provenait cette lumière. Il a ainsi parcouru plus de 20 kilomètres dans des chemins de campagne et dans l'obscurité et s'est retrouvé embourbé dans un étang.

Pendant ce temps, Mme Chevillard, inquiète de ne pas voir son mari rentrer, avait averti ses voisins, puis les gendarmes, qui se lancèrent à la recherche de notre homme.

Vers minuit, M. Chevillard a été retrouvé par les gendarmes, hébété, au bord de l'étang, en compagnie de cinq canards. Un mauvais plaisantin avait fixé, sur chaque volatile, une lampe torche. Plus de peur que de mal !

Qui ?	Où ?	Quand ?	Premier événement	Deuxième événement	Résultat

7) La poste

Remettez cette lettre en ordre dans le cadre p. 31.

1. Je vous remercie de votre compréhension et vous prie d'agréer, Madame, l'assurance de ma considération distinguée.

2. Votre conseiller :
Michel DUROY
Tél. : 05 56 54 50 08
Fax : 05 56 43 21 07
Réf : 2120655
N° Fiche client : 67

3. Madame,
Le 25 septembre 2003, vous avez signalé au Responsable Clientèle du bureau de poste de BESANÇON SAINT-FERJEUX la non-réception de votre colis postal référencé CC32110417FR destiné à : Monsieur Pierre FONTAINE résidant à MONTRÉAL CANADA.

4. Les colis postaux acheminés vers ce pays donnent lieu à indemnisation s'ils sont expédiés en valeur déclarée. Je ne peux donc pas vous proposer d'indemnisation. Pour vos futurs envois de valeur à destination de ce pays, je vous conseille d'utiliser la valeur déclarée.

5. Pourtant, le Service Client Courrier a tout mis en œuvre pour effectuer les recherches. J'ai ouvert une enquête auprès des services postaux français et étrangers concernés par l'acheminement de votre envoi.

6. Je regrette que ces démarches n'aient pas permis de retrouver votre envoi.

7. Michel Duroy
Service Client Courrier

8. Madame Évelyne Morand
18 boulevard Diderot
25000 Besançon

9. Libourne, le 19 novembre 2003

A

B

C

D

E

F

G

H

I

8) Relatifs

Complétez avec *qui, que, dont, où*.

1. J'adore la robe .... tu viens d'acheter.

2. Cette semaine, on passe le film .... je t'ai parlé hier.

3. La secrétaire à .... j'ai téléphoné m'a donné tous les renseignements.

4. Quand je pense au camping des Flots bleus .... je passais mes vacances quand j'étais enfant, je suis nostalgique.

5. Vous avez les papiers .... je vous ai demandés d'apporter ?

6. Vous avez les papiers .... vous avez besoin pour ouvrir un compte bancaire ?

7. Tu connais l'homme .... vient de sortir ?

8. J'ai beaucoup aimé le petit port grec .... nous avons passé nos vacances.

9) Passif

Transformez les phrases en les mettant au passif.

1. Les pompiers de Marseille ont maîtrisé l'incendie.

....

2. L'Assemblée a adopté la nouvelle loi sur le divorce.

....

3. Le jury du festival de Cannes a récompensé l'actrice Juliette Binoche.

....

4. Le groupe de presse Media Group a racheté le quotidien *Le Progrès*.

....

5. Le secrétaire général de l'ONU a réuni le conseil de sécurité.

....

6. Sochaux a battu Nantes en finale de la coupe de France.

....

7. Le conseil d'administration a approuvé le budget.

....

8. Toute la presse a salué le geste du Premier ministre pour les associations d'enfants malades.

....

10) Subjonctif

Choisissez la forme qui convient.

1. Pour obtenir un billet à tarif réduit, il faut que tu .... contact avec Marc.
   prends / prennes

2. Vous souhaitez que je vous .... une nouvelle ?
   apprenne / apprends

3. Je voudrais que vous m'................... à résoudre ce problème.
   aidez / aidiez

4. Je suis contente que tu .... avec moi ce soir.

viennes / viens

5. J'ai bien peur qu'il .... malade.

est / soit

6. Ce n'est pas sûr qu'il .... compris.

a / ait

7. Nous irons à la campagne avant qu'il .... froid.

fait / fasse

8. Bien que ce ne .... pas encore la saison, il y a beaucoup de touristes.

soit / est

11) Biographie

Complétez avec *jusqu'à, en 1970, en 1909, après, en 1938, puis, jamais, en 1922, la même année, en 1952, en 1959*.

Eugène Ionesco est né en Roumanie .... d'un père roumain et d'une mère française. Il passe son enfance en France. .... , de retour dans son pays .... , il y devient professeur de français. Il commence à écrire et revient en France .... pour préparer une thèse qu'il ne finira .... la guerre, il travaille dans une maison d'édition. La lecture d'un manuel d'anglais lui inspire *La Cantatrice chauve* écrite en 1950 et jouée .... ; c'est un échec. Il poursuit dans cette voie avec *Les Chaises* .... , il connaît enfin le succès .... avec *Rhinocéros*.

Élu à l'Académie .... , il continue de publier des essais sur le théâtre .... sa mort en 1994.

12) Histoire du franc

Transformez ce texte en utilisant le passé composé ou l'imparfait.

En 1360, pour libérer le Roi de France Jean Le Bon, prisonnier des Anglais, la création d'une nouvelle monnaie est autorisée : le « franc » permet de payer la rançon réclamée par le Roi d'Angleterre.

Le franc disparaît et est remplacé par l'écu en 1643.

En 1795, le franc, pièce d'argent, devient la seule monnaie de la France. Sous Bonaparte, ce sont des pièces d'or de 20 ou 40 francs qui sont frappées.

À la fin de la Première Guerre mondiale, puis en 1958, le franc subit des dévaluations.

Le général de Gaulle crée le nouveau franc qui entre en vigueur en 1960. 1 nouveau franc représente 100 anciens francs.

Ce nouveau franc donne à la France une certaine stabilité économique.

À la fin des années soixante-dix, les pays européens cherchent à créer une monnaie commune.

En 1991, le traité de Maastricht ratifie la création d'une monnaie unique : l'euro.

En 2002, l'euro devient la monnaie commune de 12 pays.

13) Carte vitale

Lisez ce texte et répondez aux questions.

Carte vitale : comment ça marche ?

La carte vitale est une carte électronique d'assuré social, elle prouve que vous avez droit à l'assurance maladie. Elle a plusieurs avantages.

Lorsque vous allez chez le médecin, vous lui présentez votre carte, vous réglez votre consultation et, sans remplir de feuille de soins, vous êtes automatiquement remboursé dans les cinq jours.

Lorsque vous allez à la pharmacie, vous ne payez que la différence entre le prix des médicaments et votre remboursement (sécurité sociale et mutuelle si vous en avez une) et là aussi, vous n'avez aucun papier à remplir si vous êtes enregistré chez votre pharmacien.

À partir de 16 ans, chaque membre de la famille peut avoir une carte vitale personnelle.

Si vous changez de situation familiale, vous devez le signaler à votre caisse d'assurance maladie en envoyant les justificatifs (mariage, naissance…) et vous n'avez plus qu'à mettre à jour votre carte auprès des points d'accueil de votre caisse de sécurité sociale.

	vrai	faux
1. On doit acheter la carte vitale auprès de la caisse de sécurité sociale.	☐	☐
2. C'est une carte à puce.	☐	☐
3. On a une carte par famille.	☐	☐
4. Lorsque vous consultez un médecin, vous ne payez rien.	☐	☐
5. À la pharmacie, vous payez et on vous rembourse.	☐	☐
6. Pour les médicaments, vous devez signer une feuille de sécurité sociale.	☐	☐
7. Vous pouvez modifier les renseignements contenus dans les bureaux de votre caisse.	☐	☐
8. Vous êtes remboursé après quinze jours.	☐	☐
9. Vos changements de situation sont enregistrés automatiquement.	☐	☐
10. C'est une preuve que vous êtes assuré social.	☐	☐

PARCOURS 2

Séquence 5 ✳ *Raconter* **36**

Séquence 6 ✳ *Décrire / Expliquer* **42**

Séquence 7 ✳ *Argumenter* **47**

Séquence 8 ✳ *Pratique des discours* **53**

Raconter

1) CV

Écoutez et remplissez la fiche.

Nom : . . . .

Prénom : . . . .

Âge : . . . .

Études : . . . .

Expérience professionnelle : . . . .

Langues parlées : . . . .

2) Discours rapporté

Faites correspondre un verbe à chaque phrase : *critiquer, souhaiter, féliciter, encourager, exposer, interdire, promettre, autoriser*.

1. Vous avez très bien réussi votre travail, c'est excellent. → . . . .

2. Il faut continuer, vous êtes sur la bonne voie. → . . . .

3. Je crois que vous n'avez pas agi de façon raisonnable. → . . . .

4. Je vais vous présenter notre plan de restructuration de l'entreprise. → . . . .

5. Je ne veux pas que vous utilisiez cette voiture, vous n'en avez pas le droit. → . . . .

6. Je vous donne ma parole, je vous rembourserai ce que je vous dois la semaine prochaine. → . . . .

7. Vous pouvez utiliser mon ordinateur si vous le voulez. → . . . .

8. Passez une bonne journée. → . . . .

3) Discours rapporté

Écoutez les enregistrements et indiquez le numéro de l'enregistrement qui correspond à chaque phrase.

	Enr.
a. Il s'est fâché.	
b. Il a insisté sur la gravité de la situation.	
c. Il a approuvé une décision.	
d. Il a suggéré de revoir le projet.	
e. Il a souhaité un bon séjour aux visiteurs.	
f. Il a critiqué une décision.	

4 Concordance des temps

Complétez avec les temps qui conviennent.

1. Tu vas réussir ton examen.

   → Je t'ai dit que tu .... tes examens.

2. Vous avez du feu ?

   → Je vous ai demandé si vous .... du feu.

3. Dans deux jours, j'aurai terminé ce travail.

   → Je t'ai dit que j'................................. dans deux jours.

4. Tu seras à la gare de Lyon quand j'arriverai.

   → Je t'ai demandé si tu .... à la gare de Lyon quand j'arriverai.

5. J'ai eu beaucoup de problèmes avec ma voiture.

   → Je t'ai dit que j'................................. beaucoup de problèmes avec ma voiture.

6. Vous avez trouvé votre place ?

   → Je vous ai demandé si vous .... votre place.

7. Je ne vais pas à la campagne vendredi.

   → Je t'ai dit que je n'................................. pas à la campagne vendredi.

8. Tu as lu le dernier livre de Le Clézio, *L'Africain* ?

   → Je t'ai demandé si tu .... le dernier livre de Le Clézio, *L'Africain*.

5 Syntaxe des verbes

Complétez avec *de, d'* ou *à*.

1. Je vous demande .... sortir.

2. Je vous interdis .... répondre.

3. Je vous félicite .... avoir accepté.

4. Je vous encourage .... continuer.

5. Je vous incite .... accepter.

6. Je lui ai promis .... lui envoyer des photos.

6 Cause / conséquence

Complétez en choisissant *parce que, en raison de, grâce à, comme, si bien que, puisque*.

1. .... tes conseils, j'ai obtenu ce travail.

2. .... je suis arrivée en retard, je n'ai pas pu faire les courses.

3. Je viens d'acheter une voiture .... la mienne était trop vieille.

4. .... un incident sur la voie, tous les trains auront 30 minutes de retard.

5. .... tu sors, achète le journal.

6. J'ai beaucoup travaillé cette semaine .... j'ai réussi à terminer mon travail.

7. .... mauvais temps, le départ de la course sera retardé.

8. Je suis allé au cinéma hier .... j'avais envie de me changer les idées.

7) Cause / conséquence

Composez des phrases avec des éléments de chaque colonne en les reliant par un connecteur.

1. l'été arrive
2. Loïc est très fatigué
3. Henri a été licencié
4. elle adore les animaux
5. le chômage a augmenté
6. je ne peux pas travailler aujourd'hui

a. il a été très malade
b. je m'occupe de mon jardin
c. elle a cinq chats
d. il cherche du travail
e. je dois faire des examens médicaux
f. les problèmes économiques se sont aggravés

EXEMPLE : **1. b.** *Comme l'été arrive, je m'occupe de mon jardin.*
ou *Je m'occupe de mon jardin parce que l'été arrive.*

2. ....
3. ....
4. ....
5. ....
6. ....

8) Couleurs

Complétez en choisissant une couleur.

1. Il est .... comme neige.
   rouge / blanc

2. Héloïse était .... de peur.
   jaune / verte

3. Je ne vais pas bien, j'ai des idées ....
   bleues / noires

4. Marc était dans une colère ....
   noire / rouge

5. Je ne peux pas payer cette facture, je suis dans le ....
   vert / rouge

6. Alain a eu peur, il était .... comme un linge.
   noir / blanc

9) Expressions imagées

Essayez de deviner le sens des expressions suivantes.

1. Elle est fauchée comme les blés.
   - ☐ Elle n'a pas d'argent.
   - ☐ Elle doit travailler à la campagne.
   - ☐ Elle a perdu de l'argent.

2. Elle est rouge comme une tomate.
   - ☐ Elle est intimidée, confuse.
   - ☐ Elle a peur.
   - ☐ Elle aime les tomates.

3. Il est aimable comme une porte de prison.
☐ Il est gardien de prison.
☐ Il est très sympathique.
☐ Il est désagréable.

4. Elle est rapide comme l'éclair.
☐ Elle aime l'orage.
☐ Elle est très rapide.
☐ Elle est lente.

5. Il est maigre comme un clou.
☐ Il est très maigre.
☐ Il est bricoleur.
☐ Il est gros.

6. Il a versé des larmes de crocodile.
☐ Il a beaucoup pleuré.
☐ Il a fait semblant d'être triste.
☐ Il pleure tout le temps.

7. Il travaille comme un pied.
☐ Il travaille vite.
☐ Il travaille mal.
☐ Il travaille bien.

8. C'est une langue de vipère.
☐ Elle critique tout le monde.
☐ Elle parle sans arrêt.
☐ Elle est dangereuse.

10) Reformuler

Reformulez les phrases suivantes.

EXEMPLE : Augmentation du chômage de 3 % en 10 ans.
➜ En 10 ans, le chômage a augmenté de 3 %.

1. Évolution positive du chiffre d'affaires de l'entreprise Egovis.

➜ ....

2. Forte diminution du nombre de salariés chez Bourgeois.

➜ ....

3. Croissance économique : plus 1 %.

➜ ....

4. Modification du système des retraites en 2005.

➜ ....

5. Chiffre d'affaires d'Egovis : stabilité.

➜ ....

6. Rachat du journal *Femme moderne* par Mega Plus.

➜ ....

7. Arrêt complet des importations de bananes.

➜ ....

8. Rupture de contrat entre Mega Plus et Media vision.

➜ ....

11 Fréquence : *toutes les fois que... / chaque fois que...*

Faites une phrase en utilisant une des deux expressions.

1. je me mets en colère / je vois Mario

. . . .

2. il fait mauvais / je veux profiter du soleil

. . . .

3. il a perdu de l'argent / Alain a joué au casino

. . . .

4. Paul fait un voyage / il perd quelque chose

. . . .

5. je vais à Paris / je vais aux Galeries Lafayette.

. . . .

6. il me raconte la même histoire / je rencontre Gérard

. . . .

12 Lettre de motivation

Rédigez une lettre pour répondre à l'une des petites annonces.

> École de commerce en Italie
> cherche professeur de français.
> Maîtrise minimum.
> Expérience d'enseignement
> à de jeunes adultes souhaitée.
> Grande disponibilité.

1

> Cherche jeune fille pour s'occuper de deux enfants
> de 12 et 8 ans le mercredi et les aider pour leurs devoirs.
> Conviendrait à étudiante parlant anglais.
> Disponibilité et sérieux exigés.

2

. . . .
. . . .
. . . .
. . . .
. . . .
. . . .
. . . .
. . . .
. . . .
. . . .
. . . .
. . . .
. . . .

13 Choisir un agenda électronique

Lisez ce texte et répondez aux questions.

À quoi ça sert?

Il y a deux sortes d'ordinateurs de poche, appelés PDA (personal digital assistant): les Palm et les Pocket PC. Tous deux proposent les mêmes fonctions: agenda, carnet d'adresses, bloc-notes, horloge-réveil. Mais on peut également disposer d'autres fonctions: photos, traitement de texte, téléchargement de livres… On peut aussi voir de petits films, écouter de la musique à condition d'acheter une carte mémoire (environ 35 euros).

Comment ça marche?

Vous naviguez et vous saisissez du texte à l'aide d'un « stylo ». Vous sauvegardez toutes vos données en les transférant sur votre ordinateur. C'est là l'intérêt du PDA: toutes vos modifications sont reportées automatiquement.

Palm ou…

Ce système a été le premier sur le marché, il s'appelle Palm parce qu'il tient dans la paume (en français) de la main. Il fonctionne avec tous les types d'ordinateur (PC ou Mac). Il faut un logiciel spécial pour utiliser tous les logiciels utilitaires (Excel, Word, PowerPoint). Il faut compter au minimum 100 euros pour un écran monochrome et 200 euros pour un écran couleurs.

… Pocket PC?

Il est compatible uniquement avec un PC. Le système Windows Pocket est semblable au système des PC. La gamme de logiciels est assez complète. À partir de 300 euros.

	vrai	faux
1. Il existe trois systèmes de PDA.	☐	☐
2. Ils ont les mêmes fonctions que les ordinateurs.	☐	☐
3. Il faut une carte spéciale pour écouter de la musique.	☐	☐
4. Le PDA remplace seulement l'agenda.	☐	☐
5. Pour utiliser le PDA, il faut une souris.	☐	☐
6. On peut connecter un PDA à un ordinateur.	☐	☐
7. Le Palm est le système le plus cher.	☐	☐
8. Il fonctionne avec tous les ordinateurs.	☐	☐
9. Le PC Pocket est compatible avec les Mac.	☐	☐
10. Pour avoir un écran couleurs, il faut compter 300 euros.	☐	☐

séquence 6 — *Décrire / Expliquer*

1) Pourcentages

Trouvez un équivalent pour chaque pourcentage.

1. 75 % des Français déjeunent à la maison.
2. 33 % aiment les chiens.
3. 99 % voudraient gagner au loto.
4. 28 % n'aiment pas jardiner.
5. 55 % trouvent leur appartement trop petit.
6. 70 % sont heureux en amour.
7. 48 % ne connaissent pas le nom de tous les pays d'Europe.

a. Presque tous les Français.
b. Trois Français sur quatre.
c. Moins du tiers.
d. Les deux tiers.
e. Environ un Français sur deux.
f. Plus de la moitié.
g. Un tiers des Français.
h. Presque la moitié.

1.	2.	3.	4.	5.	6.	7.

2) Annonces

Répondez à cette annonce en précisant que vous êtes intéressé(e) et en demandant des précisions.

> Vends Twingo, 1 an, 120 000 km,
> prix intéressant.
> Écrire à M. Paul Lenoir,
> 18 rue des Rosiers,
> 39200 Saint-Claude

. . . .

. . . .

. . . .

3) Pronoms (révision)

Complétez.

1. Je n'ai pas eu le temps d'aller voir l'exposition Miro, et toi, tu as eu le temps d'...... aller ?
2. Je suis fâchée avec Anne, elle est venue ce matin, j'ai refusé de ...... parler !
3. Des livres de Le Clézio ? Je ...... ai tous !
4. Tu veux un disque de Thomas Fersen ? J'...... ai trois, lequel veux-tu ?
5. Si je connais le maire de la ville ? Je ...... connais très bien.
6. Je ne suis jamais allé au Vietnam, j'aimerais bien ...... aller.
7. Ce sont les enfants de Jean, je vais ...... emmener au cinéma.
8. Marie est en Espagne, je pense beaucoup à ......

4) Pronoms démonstratifs

Complétez avec un pronom démonstratif.

1. Je vais te rendre le livre que tu m'as prêté, c'est .... qui est sur le bureau.

2. J'ai des photos à te montrer, tu as vu .... que j'ai faites en Grèce ?

3. Vous voulez ce gâteau au citron ou .... qui est au chocolat ?

4. Je voudrais des fleurs, donnez-moi ....

5. Tu as les résultats de Marine ? Et .... de Gaël ?

6. Tu connais mes amis José et Maria ? Oui, ... qui habitent au Brésil.

7. – C'est le disque que tu voulais ? – Oui, c'est ....

8. Ces baskets, ce sont .... de Marianne ?

5) Lettre de demande d'information

Choisissez une des deux annonces et écrivez une lettre pour demander des précisions sur :
– l'état de la maison ;
– le terrain autour de la maison (surface, terrasse, arbres…) ;
– la proximité des commerces ;
– les transports collectifs ;
– la possibilité de négocier le prix.

Proche Baume, vends pavillon, de 2000, 4 chambres, 2 demi-niveaux, cadre agréable, 180 000 €.

1

Besançon Ouest, vends maison traditionnelle, 150 m², 3 chambres, cuisine équipée, possibilité d'aménagement, 208 000 €.

2

....

....

....

6) Lettre de réclamation

Vous avez acheté une chaîne stéréo, le lecteur de cassettes ne marche pas ; vous écrivez à l'entreprise « En deux jours chez vous » pour expliquer le problème et demander ce que vous devez faire.

....

....

....

....

7) Annonce

Écoutez l'enregistrement et rédigez le courriel.

. . . .

. . . .

. . . .

8) Statistiques

Rédigez un commentaire sur ces statistiques.

Les jeunes Canadiens (9 à 17 ans) et le courriel (Réseau Éducation-Médias)
- 71 % des jeunes : compte de courrier électronique.
- 81 % : compte gratuit sur le Web.
- 56 % : envoi de courriels = activité favorite sur le Net.
- 18 % des parents au courant.
- Majorité : correspondance avec amis, mais 45 % = messages avec personnes rencontrées sur le Net.

. . . .

. . . .

. . . .

9) Programmes audiovisuels à l'école

Écoutez l'enregistrement et relevez les cinq points mentionnés.

1. . . . .

2. . . . .

3. . . . .

4. . . . .

5. . . . .

10) Professions

Écoutez et devinez de quel métier parle chaque personne.

a. Géomètre
b. Journaliste
c. Boulanger

d. Médecin
e. Agent immobilier
f. Écrivain

Enr.	1.	2.	3.	4.	5.	6.

11 Pourcentages

Complétez en choisissant.

1. .... des jeunes ont leur permis de conduire.
   La moitié / Un sur quatre

2. J'ai fait .... de mon travail.
   trois quarts / la moitié

3. .... des Français regardent la télévision régulièrement.
   les 80 % / 70 %

4. .... des habitants de cette ville occupent des maisons individuelles.
   Cinq quarts / Un quart

5. .... parle anglais.
   Tiers des élèves / Un élève sur trois

6. .... des enfants passent plus de 5 heures devant la télé.
   25,8 % / 25.8 %

12 Pourcentages

Complétez les phrases (plusieurs réponses possibles).

1. Si vous comparez ces deux pourcentages, 47 % et 48 %, vous pouvez dire :
   ☐ que le second est légèrement supérieur.
   ☐ que le second est bien inférieur.
   ☐ qu'ils sont légèrement différents.

2. Si vous comparez 47 % et 47,1 %, vous pouvez dire :
   ☐ qu'ils sont presque identiques.
   ☐ bien différents.
   ☐ que le second est largement supérieur.

3. Si vous comparez 48 % et 32 %, vous pouvez dire :
   ☐ que le premier est vraiment inférieur.
   ☐ que le premier est nettement supérieur.
   ☐ qu'ils sont légèrement différents.

4. Si vous comparez 31 % et 95 %, vous pouvez dire :
   ☐ que le second est très nettement supérieur.
   ☐ que le second est légèrement supérieur.
   ☐ que le premier est vraiment inférieur.
   ☐ qu'ils sont nettement différents.

13 Réforme de l'enseignement supérieur LMD

Lisez ce texte et répondez aux questions.

Cette réforme vise à créer un espace européen de l'enseignement supérieur et de la recherche, c'est une initiative de quatre pays (Allemagne, Grande-Bretagne, Italie et France) qui a débuté en 1998.

Cette volonté commune a deux grands buts :
- créer un espace européen qui facilite la mobilité des étudiants, des enseignants et des chercheurs ;
- rendre cet espace lisible et attractif à l'échelle du monde.

Cette réforme se traduit essentiellement sur deux plans. Il s'agit d'abord, tout en préservant la spécificité de chaque État, de construire une architecture commune des enseignements supérieurs. Cette architecture peut se résumer ainsi :
- licence : bac + 3 ;
- master : bac + 5 ;
- doctorat : bac + 8.

Cette architecture commune permettra donc la reconnaissance des diplômes européens entre les différents pays.

Il s'agit également de réformer la structure même des études supérieures. En effet, chaque étudiant pourra établir un parcours individualisé à son propre rythme, les acquis seront validés dans le cadre d'un système de crédits européens, transférables en Europe et capitalisables, c'est-à-dire définitivement acquis quelle que soit la durée du parcours : 180 crédits pour la licence, 120 crédits pour le master.

Ainsi, un étudiant pourra accomplir un cursus de licence, de master dans plusieurs universités européennes de façon simple. Les mots-clés de cette réforme sont : mobilité, compétitivité, harmonisation des cursus.

Cette réforme a débuté en France à la rentrée 2002/2003, elle devrait s'étendre à l'ensemble des universités d'ici 2006 et ensuite toucher également les grandes écoles, les écoles d'ingénieurs et les écoles supérieures de commerce et de gestion.

1. Que veut dire LMD ?

. . . .

2. Est-ce que cette réforme a été impulsée par tous les pays européens ?

. . . .

3. Est-ce que cette réforme va être étendue à tous les pays du monde ?

. . . .

4. Quels seront les intérêts pour les étudiants ?

. . . .

5. Chaque pays pourra-t-il organiser ses cursus comme il le souhaite ?

. . . .

6. Quel est l'intérêt des crédits ?

. . . .

7. Cette réforme est-elle déjà appliquée à toutes les universités ?

. . . .

8. Les grandes écoles sont-elles concernées ?

. . . .

1) Avantages / inconvénients

Lisez les deux annonces qui proposent des jobs d'été, remplissez le tableau, puis complétez les phrases en indiquant les avantages et les inconvénients de chacun des jobs proposés.

Recherche jeune homme
ou jeune fille pour assurer
l'accueil dans un camping
dans les Landes,
pratique de l'anglais souhaitée,
10 heures par jour,
un jour de congé par semaine,
logement gratuit,
1 700 € net / mois.

1

Restaurant dans les Alpes recherche serveur (ou serveuse),
expérience souhaitée, horaires : 11 h-15 h et 18 h-23 h,
deux jours de congés par semaine, possibilité de logement,
200 € / mois, salaire : 1 500 € + pourboires.

2

	1.	**2.**
Type de travail		
Horaires		
Salaire		
Congés		
Logement		

1. Je préfère le travail dans un camping parce que . . . . et

parce que . . . . mais . . . .

2. Je préfère le travail de serveur parce que . . . . et

parce que . . . . mais . . . .

2) Sûr ? Certain ? Possible ?

Reformulez les phrases en choisissant l'expression qui convient le mieux et en respectant le sens.

1. L'homme pourrait marcher sur Mars avant 2050.

☐ Il est certain que . . . .

☐ Il ne fait aucun doute que . . . .

☐ Il est possible que . . . .

2. Selon les précisions de la météo, le week-end devrait être ensoleillé.

☐ Peut-être . . . .

☐ On peut penser que . . . .

☐ Il est certain que . . . .

3. J'affirme que la politique du gouvernement nous conduit à la catastrophe.

- ☐ Je suis sûr que ....
- ☐ Je pense que ....
- ☐ Il se pourrait que ....

4. Il est probable que le chômage baissera cette année.

- ☐ Je ne crois pas que ....
- ☐ Je suis certain que ....
- ☐ Peut-être ....

5. Émilie et François devraient se marier en août prochain.

- ☐ Sûrement ....
- ☐ Je suis sûr que ....
- ☐ Je me demande si ....

6. Il n'est pas impossible que Jérémy change d'avis.

- ☐ On peut être sûr que ....
- ☐ Il est possible que ....
- ☐ Certainement ....

7. Je suis persuadée que Paul regrette ses paroles.

- ☐ On dirait que ....
- ☐ Je ne crois pas que ....
- ☐ Je pense que ....

8. On dirait bien qu'il va pleuvoir.

- ☐ Je suis sûr que ....
- ☐ Je ne crois pas que ....
- ☐ Je pense que ....

3) De l'art de s'excuser...

Lisez ce texte et répondez aux questions.

Errare humanum est. Il est humain de se tromper. Lorsque les circonstances de la vie conduisent à commettre une erreur, le mieux est de s'excuser : on présente ses excuses pour des paroles maladroites ou involontairement blessantes, pour un retard, pour un engagement non tenu. Bref, même si s'excuser n'est jamais agréable, c'est toujours la façon la plus élégante de se tirer d'une situation délicate. L'excuse est avant tout l'aveu d'une erreur. Or, un proverbe ne dit-il pas : *Faute avouée est à moitié pardonnée* ?

Pour s'excuser, on dira : *Excusez-moi, je suis désolé de ne pas vous avoir prévenu de mon départ.* Ou encore : *Excusez mon retard ; j'ai été pris dans les embouteillages.* La langue écrite est plus cérémonieuse ; on écrira : *Je vous prie de m'excuser, Je vous prie d'excuser mon retard* ou *Je vous fais toutes mes excuses pour cet oubli.* On évitera absolument de dire ou d'écrire : *Je m'excuse,* car cette forme pronominale autoritaire semble contraindre l'interlocuteur à accorder son pardon, même contre son gré. L'excuse est toujours une demande courtoise.

Si l'on a bousculé quelqu'un, si on lui a marché sur le pied, si on dérange quelqu'un ou si on lui passe devant, on peut dire : *Pardon* ou *Excusez-moi.*

Si la faute pour laquelle on demande des excuses est plus grave, on peut, pour renforcer, donner quelques explications : *Excuse-moi, j'ai été maladroit(e) / insensible / stupide / méprisant(e). Excusez-moi, je ne savais pas... je ne me suis pas rendu compte.*

On peut aller plus loin encore en disant : *Je comprends que tu sois fâché(e)* ou *J'espère que tu me pardonneras.* Mais attention, il ne faut pas exagérer les termes car on peut douter alors de la sincérité de celui qui s'excuse. Simplicité et franchise sont, en ce domaine, des règles de conduite obligées.

	vrai	faux
1. On a le droit à l'erreur dans son comportement avec les autres.	☐	☐
2. S'excuser est inélégant.	☐	☐
3. Si on reconnaît une erreur, on se fait pardonner plus facilement.	☐	☐
4. On s'excuse exactement de la même façon à l'oral et à l'écrit.	☐	☐
5. *Je m'excuse* est une formule habile pour présenter ses excuses.	☐	☐
6. On doit s'excuser si on fait se lever quelqu'un pour s'asseoir au cinéma.	☐	☐
7. Pour mieux se faire excuser, on peut essayer d'expliquer son comportement.	☐	☐
8. Les excuses doivent être formulées simplement.	☐	☐

4) Mariages

Remettez dans l'ordre les éléments du texte suivant.

Marions-les !

A. Mais au-delà de ces explications dont les conséquences optimistes sont le retour en force du mariage, c'est l'évolution de la société tout entière qui tient une place importante pour justifier l'union de deux individus.

B. La première explication que l'on peut donner de cette augmentation du nombre de mariages est, selon certains analystes, le retour aux valeurs traditionnelles de la famille.

C. En 2003, on a célébré en France presque 310 000 mariages et l'on constate depuis 1995 une augmentation du nombre de cérémonies nuptiales de 6 000 chaque année.

D. Ainsi, on peut conclure que le mariage s'est transformé et ne fait plus peur. Il est devenu à la fois un phénomène de société durable qui en exprime les tendances actuelles et une tradition tenace.

E. Cela prouve que, malgré l'évolution des mœurs, le mariage est une institution solide et qui résiste bien.

F. Tout d'abord, trois mariages sur dix sont des remariages, ce qui prouve qu'un échec ne détourne pas forcément de l'expérience...

G. Troisième explication possible : l'augmentation du nombre de mariages exprimerait un besoin de spiritualité, notamment à travers le mariage religieux.

H. Enfin, un mariage sur dix est un mariage mixte.

I. Selon d'autres, le mariage traduirait un besoin de sécurité dans un monde de plus en plus troublé.

J. D'autre part, beaucoup de couples mariés ont vécu ensemble avant de sauter le pas, 30 % ont déjà un ou plusieurs enfants.

K. Enfin, un tiers environ des candidats au mariage se laisserait emporter par une vague de romantisme et un besoin de faire la fête.

1.	2.	3.	4.	5.	6.	7.	8.	9.	10.	11.
C										

5) Moi, ce que je pense…

Écoutez les opinions suivantes et mettez-les en rapport avec l'exemple qui convient.

A. Tiens, mon beau-frère, par exemple, il a acheté une horloge comtoise à un prix tout à fait raisonnable

B. L'autre jour, par exemple, il a résolu un problème de maths de terminale.

C. Ainsi, en 1999, nous avons exporté 80 000 véhicules ; en 2004, nos exportations se montent à 155 000 voitures.

D. Ainsi, les chiffres du chômage pour le mois dernier sont désastreux et nos exportations sont en baisse.

E. C'est ainsi que, tout récemment, la presse l'a classée troisième de son palmarès de la qualité de la vie.

Enr.	1.	2.	3.	4.	5.

6) Opinions

Lisez les propositions et, pour chacune, trouvez deux arguments : l'un pour soutenir l'opinion affirmée, l'autre pour s'y opposer.

1. La pratique d'un sport est absolument indispensable.

. . . . / . . . .

2. Faire la grasse matinée, c'est une perte de temps.

. . . . / . . . .

3. On a parfois besoin de moments de solitude.

. . . . / . . . .

4. Je n'aime pas regarder le football à la télévision.

. . . . / . . . .

5. L'avenir appartient aux gens qui se lèvent tôt.

. . . . / . . . .

6. L'amitié, c'est une des choses les plus importantes dans la vie.

. . . . / . . . .

7. De nos jours, la télévision est un moyen de culture privilégié.

. . . . / . . . .

8. Pour progresser, il faut regarder l'avenir et oublier le passé.

. . . . / . . . .

9. Faire des études supérieures est indispensable pour trouver du travail.

. . . . / . . . .

10. Connaître plusieurs langues étrangères est une ouverture culturelle.

. . . . / . . . .

7) Avis contraire

Reliez les phrases qui ont une signification opposée.

1. J'approuve complètement ce qu'il a dit.
2. C'était une conférence passionnante.
3. Le patron a été enthousiasmé par le projet de Rémi.
4. Je pense que tu as bien fait de dire à Jocelyne ce que tu pensais d'elle.
5. Je suis convaincu que je ne m'étais pas trompé sur Vincent.

a. Je me suis profondément ennuyé.
b. Tu sais, je l'ai trouvé plutôt réservé en ce qui concerne ses propositions et même – comment dire ? – réticent.
c. Peut-être l'ai-je jugé un peu rapidement.
d. Je ne suis absolument pas d'accord avec lui.
e. Dans la vie, je crois qu'il faut parfois savoir dissimuler ses sentiments.

1.	2.	3.	4.	5.

8) Comment dire la même chose ?

Écoutez les enregistrements et dites, pour chaque extrait, quelle expression (avec le même sens) la personne qui parle pourrait utiliser. Refaites la phrase.

	Enr.
Je suis absolument certain(e)	
Je suis sûr(e)	
Il me semble	
Je ne suis pas sûr(e)	
Je ne sais vraiment pas	

9) Préfixes

a) Complétez les pointillés par *in* ou *im*.

1. Aujourd'hui, la pollution est un problème extrêmement ......portant.
2. Mais c'est absolument ......buvable, ce mélange !
3. C'est une pièce totalement ......intéressante.
4. Stéphanie et Claude ont des caractères complètement ......compatibles.
5. Par moments, Christian est ......compréhensible, au téléphone en particulier.
6. C'est ......possible, tu ne vas pas te marier !
7. Ce plat en sauce est très bon, mais complètement ......digeste.
8. Si tu vas à Grenade, il faut voir l'Alhambra, c'est ......contournable.

b) Pouvez-vous énoncer la règle orthographique ?

On écrit *in* . . . .

On écrit *im* . . . .

🔟 Opinions

Écoutez les enregistrements et classez-les dans le tableau.

	Très positif	Plutôt positif	Neutre	Plutôt négatif	Très négatif
Enr.					

1️⃣1️⃣ Pronoms

Complétez avec le pronom qui convient.

1. Ce que je pense de .... ? Patrick n'est pas très honnête.
2. Je t'ai déjà parlé de ce problème. Tu sais très bien ce que j'......... pense.
3. Anne-Marie ? Je ne peux pas discuter avec .... !
4. Pierre est très bien, j'ai confiance en ....
5. J'ai vu Josette et Jean-Paul ; tu as passé le week-end avec .... ?
6. Tu es contente de .... ? Après ce que tu as fait, je serais mal à l'aise.
7. Avec ces gens, c'est chacun pour .... Ils n'ont aucune générosité.
8. Viens avec .... ! Je vais à la campagne, ça te changera les idées.

1️⃣2️⃣ Syntaxe des verbes

Complétez.

Voilà c'est difficile .... vous expliquer ce que je pense .... vous. J'ai beaucoup d'estime .... vous, mais parfois vous me donnez l'impression .... ne pas faire attention aux autres. Je sais que vous êtes très pris, que vous vous occupez .... beaucoup de choses, que vous n'êtes pas très disponible. Vous pourriez de temps en temps oublier tout cela et penser .... autre chose : vous faire plaisir, vous laisser aller, parler .... les gens, les regarder. Vous pourriez essayer .... être plus naturel, ... ne pas jouer un personnage. Je serais contente .... vous.

séquence 8 — *Pratique des discours*

1 Reprises

Relevez et soulignez les reprises (un pronom relatif, un pronom personnel, un autre mot, un adjectif démonstratif...).

La fin des mineurs

Il est des métiers qui disparaissent : en avril 2004, la dernière mine de charbon française a été fermée, elle se trouvait en Lorraine. Cette fermeture est le symbole de la fin d'une époque qui a duré deux siècles. C'est une culture bien particulière qui disparaît et en même temps, une culture partagée par plusieurs pays européens. Les mineurs, « les gueules noires », comme on les appelle, représentent l'avant-garde des luttes ouvrières. C'est un monde dur qui a une tradition ; ce monde est bien décrit dans *Germinal* de Zola.

C'est grâce à ces mineurs que s'est créée l'Europe : en 1951, la France, le Benelux (Belgique, Pays-Bas et Luxembourg) et l'Italie créent la Communauté du charbon et de l'acier qui donnera naissance, en 1958, à la CEE (Communauté économique européenne) ; celle-ci se transformera et c'est de nos jours, l'Union européenne.

Dans cette mine de la Houve qui vient de fermer, on trouve un autre symbole de l'Europe : des mineurs d'origine allemande, polonaise, slovène, italienne et des mineurs français ont travaillé côte à côte pendant des années. Ces hommes partagent la culture du charbon, fondée sur le courage et la solidarité.

Le charbon est mort, vive l'Europe !

2 Reprises

Complétez le texte avec *ce, cette, cet, ces, ses, son, qui, elle, il*.

Les vertus de l'aspirine

Rares sont les personnes .... n'ont jamais eu recours à .... médicament. L'aspirine existe depuis plus de cent ans. La société Bayer a déposé .... marque, Aspirin, en 1899 ; .... poudre un peu amère a rapporté des milliards de marks à la firme allemande .... n'avait fait que découvrir les vertus d'une molécule inventée par les chimistes, l'acide acétylsalicylique. .... copiait la substance de plantes médicinales existant depuis l'Antiquité.

Célèbre pour .... propriétés antiseptiques et antalgiques, ... acide l'était aussi pour sa saveur peu agréable et pour les maux d'estomac qu'il provoquait. Les laboratoires pharmaceutiques ont donc travaillé pour limiter .... effets désagréables. Aujourd'hui, l'aspirine entre dans la composition d'une quarantaine de médicaments, ... se présente sous des formes différentes.

.... indications sont très larges : .... est efficace contre la douleur, la fièvre. On connaît .... vertus après un infarctus ou un accident cérébro-vasculaire. Une consommation prolongée ou surdosée de .... médicament peut cependant entraîner des troubles de l'estomac ou des hémorragies.

.... produit n'est donc pas anodin et .... utilisation doit donc être surveillée.

3) Reprises

Complétez en choisissant un des noms.

1. Le magasin sera ouvert le 8 mai : cette .... est exceptionnelle.
   nouveauté / ouverture / accès

2. Pour des raisons de sécurité, seuls les voyageurs pourront accéder aux quais de la gare et devront présenter leur billet. Ces .... ont été prises pour une durée d'un mois.
   mesures / lois / règles

3. En Grèce, on construit un pont de 2 883 m entre le Péloponnèse et la Grèce continentale. Cette .... où il y a des risques de tremblement de terre, a nécessité de multiples innovations.
   construction / zone / ouvrage

4. Quand je me lève, je me prépare un petit déjeuner, je déjeune en écoutant les informations, je prends mon temps. Ce .... est très important pour que la journée se passe bien.
   préparation / rituel / mélange

5. Cet été, j'ai visité le Machu Picchu ; ce .... est vraiment exceptionnel.
   site / fleuve / quartier

6. La France et l'Allemagne sont en désaccord sur l'entrée de la Turquie dans l'Europe. Ce .... risque d'avoir des conséquences négatives sur les relations entre les deux pays.
   accord / situation / conflit

7. M. Gribiche a gagné les élections régionales en Alsace. Cet .... était totalement inconnu jusqu'à présent.
   président / candidat / homme politique

8. Le PDG de Maxilor a expliqué à ses employés qu'il était obligé de licencier 30 personnes. Ses .... n'ont pas vraiment été compris par les salariés qui se sont mis en grève.
   arguments / obligations / arrêts de travail

9. Plusieurs personnes sont sorties de prison ce week-end munies d'un bracelet électronique qui permet de les localiser. Ce .... sera généralisé après expérimentation.
   expérience / dispositif / échec

10. Le gouvernement et l'opposition se sont violemment opposés sur le problème de l'aide aux personnes âgées. Cette .... a commencé il y a dix jours...
    bataille / polémique / désaccord

4) Pronoms relatifs : *Qui est-ce ?*

Complétez avec des pronoms relatifs et devinez de qui on parle.

1. Cet homme d'État .... est né en 1890, a marqué le xxᵉ siècle. Durant la Seconde Guerre mondiale, il a été exilé trois ans à Londres .... il a organisé la Résistance.

2. C'est un écrivain .... a produit une œuvre considérable. Il est né en 1802 à Besançon. Certaines œuvres .... il a écrites et .... ont été portées à l'écran ont connu un grand succès. L'image .... tous ont de lui est celle d'un homme infatigable, engagé dans son siècle, poète, auteur de romans.

3. Écrivain, philosophe, auteur de pièces de théâtre, il a marqué le xxᵉ siècle. *L'Étranger* est le roman .... est le plus connu et que de nombreux lecteurs ont lu dans plusieurs langues. Il parle de l'Algérie .... il est né et a passé son enfance. Il est mort dans un accident de voiture, le manuscrit .... a été retrouvé dans sa voiture et .... était inachevé a été publié sous le titre *Le Premier Homme*.

4. C'est un chanteur .... a écrit des chansons en français, en espagnol, en portugais. Le groupe avec .... il a commencé s'appelle la Mano Negra. Il parle de la ville .... il habite, Barcelone.

a. Victor Hugo
b. Le général Charles de Gaulle
c. Albert Camus
d. Manu Chao

1.	2.	3.	4.

5) Conditionnel

Transformez les informations pour les rendre incertaines.

1. Le général Mausch a pris le pouvoir dans l'archipel des Marquises.

. . . .

2. Marie a épousé Édouard ?

. . . .

3. Milène Garche va obtenir le prix Nobel.

. . . .

4. Le président sortant est réélu.

. . . .

5. Zinedine Zidane va jouer à Marseille la saison prochaine.

. . . .

6. On vous a volé vos papiers dans le restaurant ?

. . . .

7. Mario est arrivé à Paris ?

. . . .

8. Une jeune femme a tenté d'assassiner le Président.

. . . .

9. La reprise économique commencera dans les prochains mois.

. . . .

10. Il y a des problèmes de rivalité entre plusieurs ministres.

. . . .

6) Valeurs du conditionnel

Dites, pour chaque phrase, quelle est la valeur du conditionnel.

1. Auriez-vous l'amabilité de me faire parvenir les documents suivants…
2. J'aimerais bien savoir ce que Luce t'a raconté.
3. J'aurais bien voulu rencontrer Albert Camus.
4. Ton père m'a dit que tu ne partirais pas en vacances cette année.
5. D'après *Le Monde*, il n'y aurait pas eu d'incidents entre le Premier ministre et le ministre des Affaires étrangères.
6. Le budget de l'Éducation nationale augmenterait de 5 %.
7. On serait riches, on ferait le tour du monde, on visiterait plusieurs pays…
8. Selon Martine, Alain serait nommé au Sénégal.
9. Je voudrais tellement que Marseille gagne.
10. Si tu vas à la librairie, tu pourrais m'acheter certains livres ? Je vais te donner la liste.
11. Il vous a demandé si vous seriez des nôtres ce soir.
12. Pour trouver des informations sur ce sujet, vous pourriez consulter la revue *Science et Vie*.

a. Un souhait.

b. Une suggestion, un conseil.

c. Un regret.

d. Une information non sûre.

e. Une demande polie.

f. Le futur dans le discours rapporté.

g. Un fait imaginaire.

1.	2.	3.	4.	5.	6.	7.	8.	9.	10.	11.	12.

7) Valeurs du conditionnel

Écoutez les enregistrements et mettez le numéro de l'enregistrement en face de chacune des valeurs.

	Enr.
Un souhait.	
Une suggestion, un conseil.	
Un regret.	
Une information non sûre.	
Une demande polie.	
Le futur dans le discours rapporté.	
Un fait imaginaire.	

8 Cigognes en Charente-Maritime

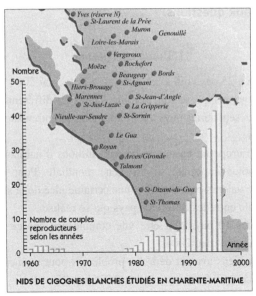

Source: *Ligue protectrice des oiseaux.*

Répondez aux questions.

1. Combien y avait-il de couples reproducteurs en Charente-Maritime en 1980 ? en 1996 ?

. . . .

2. Est-ce que le nombre de couples reproducteurs était plus élevé en 1983 qu'en 1963 ?

. . . .

3. Entre quelles dates le nombre de couples reproducteurs a-t-il disparu ?

. . . .

4. Citez une année où l'augmentation du nombre de couples a été particulièrement importante.

. . . .

9 Connecteurs

Complétez ce texte en utilisant des connecteurs.

Courrier des lecteurs

Bonjour,

Je vous adresse cette lettre (car / pourtant / mais) .... j'ai lu votre article le mois dernier sur l'énergie éolienne. (Parce que / Pourtant / En effet) .... je ne comprends pas pourquoi cette énergie qui fonctionne bien n'est pas plus utilisée. Vous expliquez que l'Europe a fixé à 21 % la part d'électricité que les états devront produire avec des énergies non polluantes. Si l'Allemagne, le Danemark et l'Espagne sont à la pointe dans ce domaine, la France, (en revanche / en effet / cependant) .... est très sérieusement en retard. Il me semble (parce que / donc / mais) .... que les pouvoirs publics doivent faire un sérieux effort et (en effet / toutefois / par conséquent) .... inciter de toutes les manières possibles la généralisation de la production d'énergie éolienne. (Parce que / Même si / Cependant) .... ce système de production est coûteux, c'est vraiment l'avenir. Je pense que votre dossier sur ce sujet a permis à vos lecteurs de mieux comprendre les enjeux de la production d'énergie.

J. Ventais, Toulon.

10 Élargissement européen

Lisez le texte et répondez aux questions.

L'Union européenne

L'élargissement de l'Europe à 25 pays qui a été officialisé le 1er mai 2004 est un sujet de discussion et de polémique en France. Les cérémonies qui se sont déroulées dans les différents pays, à Budapest, à Vilnius, à Varsovie et dans les capitales des sept autres pays ont plutôt montré l'enthousiasme des nouveaux membres qui ont adhéré à l'Union européenne.

Cet élargissement fait de l'Europe un ensemble de 450 millions d'habitants, donc une force politique et économique qui acquiert un poids important sur la scène mondiale. Pour certains, c'est aussi l'idéal de l'Europe, vaste ensemble fait de valeurs communes, d'une certaine idée de la solidarité et des échanges, d'une diversité linguistique et culturelle entre les différents pays qui se réalise.

Pour d'autres, l'entrée de ces 10 pays doit être vue comme une source de difficultés pour l'ensemble européen tel qu'il existait jusqu'au 1er mai 2004.

En effet, à 15, les pays européens avaient déjà des problèmes pour se mettre d'accord pour élaborer une politique extérieure commune, ce sera donc encore plus difficile à 25.

Les pays qui entrent dans l'Union européenne ne sont pas, dans l'ensemble, très riches, il faudra donc que les autres pays fassent des efforts pour les aider à acquérir le niveau des pays entrés plus tôt, ce qui suppose des coûts importants pour ceux-ci.

Mais pour d'autres, plus optimistes, ces dix nouveaux pays représentent un marché économique qui dynamisera peut-être l'économie des pays « traditionnels ».

1. Combien de pays sont entrés dans l'Union européenne ?

. . . .

2. Est-ce que tous les pays sont satisfaits d'entrer dans l'Union européenne ?

. . . .

3. Est-ce que cette entrée va renforcer l'ensemble européen sur le plan démographique, politique et économique ?

. . . .

4. Est-ce que cette entrée risque de poser des problèmes ?

. . . .

5. Quels sont les dangers que certains soulignent ?

    – sur le plan politique : . . . .

    – sur le plan économique : . . . .

6. Est-ce qu'il est sûr que les pays appartenant déjà à l'Union européenne vont profiter de cette entrée sur le plan économique ?

. . . .

11) Messages

Écoutez les enregistrements et rédigez le message correspondant.

Société Écrouvis
3, place René Cassin
83300 Draguignan

Société Desclous
Monsieur Ducros
Draguignan, le 4 décembre 200.

. . . .

. . . .

. . . .

. . . .

. . . .

. . . .

. . . .

. . . .

. . . .

1

Chloé Leblond
45, rue des Roses
31000 Toulouse

Secrétariat de l'UFR
de Sciences et techniques
Toulouse

Toulouse, le 3 mai 200.

Madame, Monsieur,

. . . .

. . . .

. . . .

. . . .

. . . .

. . . .

. . . .

. . . .

. . . .

2

12) Sources d'infos

Dites pour chaque information quelle est son origine.

1. Selon l'AFP, le chanteur Johnny Hallyday va faire une tournée de deux mois en Europe.
2. *Le Nouvel Observateur* propose un dossier sur les délocalisations d'entreprises dans les pays récemment entrés dans l'Union européenne.
3. D'après des proches, le prince Philippe devrait se marier très prochainement.
4. Selon une source officieuse, les États-Unis vont quitter l'Irak.
5. D'après euronet.com, l'Union européenne va devoir augmenter les taxes sur les marchandises venant d'Asie.
6. Dans une lettre ouverte, le Premier ministre annonce sa démission.

a. Une source non officielle.

b. Un site internet.

c. Une agence de presse.

d. Un courrier publié.

e. Un membre de la famille ou un ami.

f. Un magazine.

1.	2.	3.	4.	5.	6.

13 Professions

Choisissez un métier dans la liste et expliquez en quelques lignes à une personne qui l'ignore en quoi il consiste et quels sont ses avantages.

- Présentateur de la météo
- Guide touristique
- Géomètre
- Contrôleur de gestion

- Agent immobilier
- Vétérinaire
- Attaché de presse
- Instituteur

. . . .
. . . .
. . . .

14 Courriel : demande d'explication

Lisez le message qui suit et répondez selon le guide proposé.

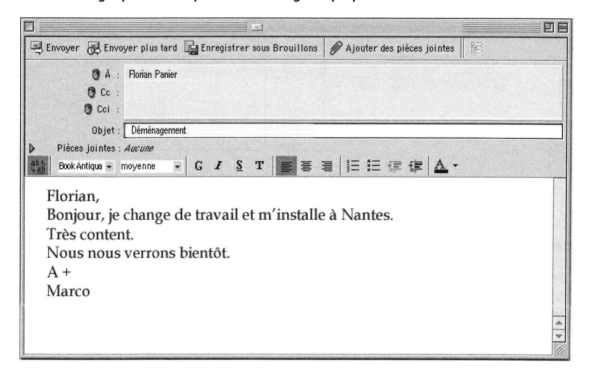

Vous répondez :
- vous avez bien reçu le message ;
- vous demandez à Florian quel travail il a trouvé, pourquoi il change, si c'est mieux ;
- vous lui demandez s'il connaît Nantes, où il veut s'installer, s'il a trouvé un appartement ;
- vous lui dites que vous êtes très content pour lui ;
- vous signez.

. . . .
. . . .
. . . .

PARCOURS 3

Séquence 9 ✴ *Raconter*   **62**

Séquence 10 ✴ *Décrire / Expliquer*   **69**

Séquence 11 ✴ *Argumenter*   **77**

Séquence 12 ✴ *Pratique des discours*   **83**

1) Chronologie

Remettez ce texte dans l'ordre.

A. On le retrouve un peu plus tard au Moyen Orient, puis en Turquie. Il installe à Istanbul une petite entreprise d'artisanat et il rentre enfin lentement avec quelques étapes en Méditerranée après un périple en voilier.

B. Pendant cette période, il trouve du travail ici ou là et fait de longs arrêts à Valparaiso d'abord, puis au Mexique où il passe un an à travailler dans une agence de voyages.

C. Paul Marko est né en 1950. Après une enfance à Nantes et des études de philosophie à Paris, il décide de s'embarquer pour un tour du monde qui va durer cinq ans.

D. C'est ainsi qu'en trois ans, ce sont plus de 600 jeunes qui se lanceront dans des projets de voyages plus fous les uns que les autres. Nous saluons aujourd'hui le talent de notre concitoyen.

E. Il rapporte de ses voyages une série de photos et il fait une exposition à Nantes; ses productions sont très remarquées, la mairie de Nantes lui propose alors de créer une école de l'aventure qui a pour mission de développer des projets de voyages pour des jeunes en difficulté et de les aider à réaliser un projet artistique.

F. Il s'arrête ensuite six mois en Inde, puis quelques mois au Pakistan où il travaille dans une fabrique de tapis.

1.	2.	3.	4.	5.	6.

2) Syntaxe des verbes

Complétez avec à, de, sur.

1. Annie ne mange plus rien, elle n'a même pas touché .... son gâteau.

2. Nous sommes désolés .... devoir vous quitter si tôt.

3. Je compte .... vous!

4. Je tiens absolument .... organiser une fête pour le départ en retraite d'Yves.

5. Tu devrais te débarrasser .... ces maudits exercices!

6. Depuis trois mois, Raphaël cherche .... changer de travail.

7. Vous croyez .... l'astrologie?

8. À 50 ans, il a entrepris .... apprendre le chinois.

9. Je regrette .... quitter Venise.

10. Excusez-moi, je suis obligée .... partir.

3) Famille de mots

Complétez avec les mots qui suivent.

Temps: tempête – contretemps – contemporains – intemporel.

1. Chanel n° 5 est un parfum ....

2. Désolée d'être en retard, j'ai eu un ....

3. Avec l'âge, mes .... m'intéressent de moins en moins.

4. Avis de .... sur la côte ouest.

Sens: sensiblement – non-sens – insensible – sensible.

1. Cher ami, ce que vous dites est un ....

2. Inutile d'insister, je suis .... aux flatteries.

3. Avare et très économe, ça veut .... dire la même chose.

4. Fais attention quand tu lui parles, elle est très ....

4) Préfixes

Écoutez et complétez avec les mots que vous entendez.

1. Dans ce quartier, il y a beaucoup d'.............................

2. Claude est complètement ....

3. Ces détournements d'argent, c'est vraiment ....

4. C'est .... de faire ce devoir !

5. Ce nom m'est complètement ....

6. Je vais vous adresser à un ....

7. Cette maison est très ....

8. Il est .... dans une sale histoire.

5) Préfixes

Complétez avec *antirides, antimondialistes, intolérables, illisible, insupportable, déraisonnable*.

1. Pour moi, Chateaubriand est ....

2. À chaque sommet du G7, les .... manifestent.

3. Travailler 15 heures par jour, ce n'est pas raisonnable, c'est même ....

4. Cette mode de la télé-réalité, c'est ....

5. Tous les propos racistes sont ....

6. La belle antiquaire met de la crème .... pour ne pas vieillir.

6) Suffixes

Complétez avec *blocage, aimable, couramment, réellement, impossibilité, clarté, alliance, supportable*.

1. J'ai une douleur au genou, mais c'est ....

2. Vanessa parle .... chinois.

3. Je ne suis pas arrivé à faire mon exposé; quand je me suis retrouvé devant la classe, j'ai eu un ....

4. Ce soir, j'aime beaucoup la .... de la lune.

5. Jacques et José ont fait .... contre Jenny.

6. La boulangère est toujours de bonne humeur, elle est vraiment ....

7. Je suis dans l'......................... de travailler, je suis malade.

8. Vous avez .... vu un fantôme?

7) Georges Perec, *W ou le souvenir d'enfance*

Lisez ce texte et dites si les affirmations qui suivent sont vraies ou fausses.

Je n'ai pas de souvenirs d'enfance. Jusqu'à ma douzième année à peu près, mon histoire tient en quelques lignes: j'ai perdu mon père à quatre ans, ma mère à six; j'ai passé la guerre dans diverses pensions de Villard-de-Lans. En 1945, la sœur de mon père et son mari m'adoptèrent.

Cette absence d'histoire m'a longtemps rassuré: sa sécheresse objective, son innocence, me protégeaient, mais de quoi me protégeaient-elles, sinon précisément de mon histoire, de mon histoire vécue, de mon histoire réelle, de mon histoire à moi qui, on peut le supposer, n'était ni sèche, ni objective, ni apparemment évidente, ni évidemment innocente?

« Je n'ai pas de souvenirs d'enfance »: je me posais cette affirmation avec assurance, avec presque une sorte de défi. L'on n'avait pas à m'interroger sur cette question. Elle n'était pas inscrite à mon programme. J'en étais dispensé: une autre histoire, la Grande, l'Histoire avec sa grande hache, avait déjà répondu à ma place.

W ou le souvenir d'enfance, Georges Perec, Éditions Denoël, 1975.

	vrai	faux
1. L'auteur a des souvenirs à partir de quatre ans.	☐	☐
2. Sa mère est morte quand il avait six ans.	☐	☐
3. Il a toujours vécu seul.	☐	☐
4. Pendant la guerre, il a été adopté.	☐	☐
5. La sœur de sa mère l'a adopté.	☐	☐
6. Il était protégé par son histoire.	☐	☐
7. Il ne voulait pas voir son histoire.	☐	☐
8. On ne pouvait pas lui demander de parler de son enfance.	☐	☐
9. Son histoire se confondait avec les événements historiques.	☐	☐

8) Suffixes

a) Trouvez le mot d'origine.

EXEMPLE: pâlichon ➜ pâle.

1. richissime ➜ ....
2. noiraud ➜ ....
3. rougeâtre ➜ ....
4. pleurnichard ➜ ....
5. rarissime ➜ ....

6. mignonnette ➜ ....
7. blondasse ➜ ....
8. plantation ➜ ....
9. célébrité ➜ ....
10. couramment ➜ ....

b) Trouvez un mot de la même famille.

EXEMPLE : inquiet → inquiétant.

1. résister → ....
2. logique → ....
3. construire → ....
4. sincère → ....
5. généreux → ....
6. responsable → ....

7. prévoir → ....
8. clair → ....
9. volonté → ....
10. gaspiller → ....
11. facile → ....
12. propriété → ....

9 Nelson Mandela : biographie

Rédigez la biographie de Nelson Mandela.

1918 : naissance à Qunu Transkei en Afrique du Sud.
1927 : mort de son père.
1944 : Engagement à l'ANC (African National Congress) qui lutte pour l'égalité entre les Blancs et les Noirs.
1961 : Entrée dans la clandestinité.
1962 : Arrestation.
1964 : Condamnation à la réclusion à perpétuité.
1962-1990 : Réclusion au centre pénitentiaire de Robben Island puis, à partir de 1982, à la prison de Pollsmoor.
1990 : Libération.
1991 : Abolition des lois sur l'apartheid, président de l'ANC.
1993 : Prix Nobel de la paix.
1994 : Premières élections multiraciales et victoire de l'ANC ; président de la République d'Afrique du Sud.

. . . .
. . . .
. . . .
. . . .

10 Indicateurs de temps

Complétez avec *pendant cette période, en, le 30 avril, après, dans les années quatre-vingt-dix, de ... à, l'année précédente.*

1. Il est parti au Canada .... 1997.

2. .... les vacances, je commencerai des études de droit.

3. J'ai vécu à Barcelone .... 1998 .... 2002 ; .... , j'en ai bien profité.

4. On s'est mariés .... 2000 ; .... , en 1999, Jean-Pierre travaillait au Togo.

5. Le rap a vraiment percé .... ; moi, la première fois que j'en ai entendu, c'était en 1995, à Berlin.

11 Passé simple / imparfait

Choisissez.

La première personne qui (attirait / attira) .... son attention quand le train s'arrêta et qu'elle descendit, (ce fut / c'était) .... son mari. « Ah ! mon Dieu ! Pourquoi a-t-il de pareilles oreilles ? » (pensait-elle / pensa-t-elle) ...., en regardant le visage froid, imposant et solennel. C'étaient surtout les ourlets des oreilles, où (s'arrêtèrent / s'arrêtaient) .... les bords du chapeau rond, qui maintenant la frappaient. Alexis, apercevant sa femme, (s'avançait / s'avança) .... vers elle. Les lèvres pincées par son habituel sourire moqueur, il la regarda bien en face, la fixant de ses grands yeux fatigués. Une sensation pénible (serrait / serra) .... le cœur d'Anna quand elle rencontra ce regard fixe et las ; comme si elle se fût attendue à le trouver tout autre.

Anna Karénine, Léon Tolstoï, Hachette, 1936.

12 Festival Noir

Écoutez l'enregistrement et complétez le programme du festival Noir.

> **7ᵉ Festival**
> **Littératures Policières, Noires et Sociales**
> **Grand Kursaal de Besançon**
>
> . . . .
>
> Programme :
>
> . . . .
> . . . .
> . . . .
> . . . .

13 Programme

Lisez ce programme et rédigez une lettre à un ami pour l'inviter à vous accompagner à cette manifestation.

> **Festival de Sisteron**
> Trois jours de musique à Sisteron !
> Au programme, des chanteurs d'aujourd'hui : Paul Personne, Miossec, Sanseverino.
> Grande foire artisanale, exposition d'aquarelles.
> Possibilité d'hébergement au camping : 80 € pour trois jours.
> Forfait Hôtel, 3 jours en demi-pension : 250 €.

. . . .
. . . .
. . . .

14) Interview

Écoutez l'interview, prenez des notes et rédigez un petit résumé.

. . . .

. . . .

. . . .

15) Séjour aux Baléares

Lisez ce programme et racontez le voyage.

1er jour : Départ de Lyon en autocar, arrivée à Barcelone vers 20 h. Embarquement sur le bateau à 23 h et logement en cabine. Nuit en mer.
2e jour : Arrivée à 7 h à Palma. Installation à l'hôtel. Après-midi libre. Dîner et logement à l'hôtel.
3e jour : Visite de Palma : cathédrale gothique, château Bellver du XVIe siècle. Après-midi libre.
4e jour : Départ pour Valldemosa, petit village où vécurent George Sand et Frédéric Chopin. Retour pour le déjeuner et après-midi libre.
5e jour : Départ pour Villafranca de Bonamy, visite d'une fabrique de perles. Déjeuner dans le port de pêche de Porto Cristo. Visite des grottes du Hams. Retour à l'hôtel.
6e jour : Promenade en bateau. Retour à l'hôtel. Dîner. Départ en bateau pour Barcelone à 23 h. Nuit en mer.
7e jour : Arrivée à Barcelone vers 7 h. Visite de la Sagrada Familia et du port. Retour à Lyon vers minuit.

. . . .

. . . .

. . . .

16) Toujours, jamais, encore ?

Complétez en choisissant.

1. Tu habites .... à la campagne ?

    plus / toujours / plus jamais

2. Jean ne comprend toujours pas le problème. Je vais .... lui expliquer ce qu'il faut faire.

    toujours / plus / encore

3. Christophe n'est .... professeur. Il a démissionné.

   jamais / plus / pas

4. Le festival de musique a .... lieu au mois de septembre, cela n'a pas changé.

   encore / toujours / jamais

5. Valérie passe son temps à regarder la télévision, elle ne sort ....

   toujours / plus / encore

6. J'ai .... eu une contravention, c'est la deuxième de la journée.

   toujours / encore / plus

7. Je ne retournerai .... à Capri comme les autres années, c'est fini.

   pas / plus / encore

8. Vous avez .... *Le Monde* d'hier ?

   déjà / encore / plus

17) Indicateurs de temps

Complétez en choisissant.

1. .... , j'habitais à la campagne, je ne sais plus exactement combien d'années j'ai passé là-bas.

   En 1992 / Dans les années quatre-vingt-dix

2. Je suis sûre que Françoise s'est mariée .... , c'était le jour de la fête du Travail !

   le 1er mai / en mai

3. L'année dernière, je suis allé à Corfou, ... j'étais allée à Paros.

   l'année précédente / un an plus tard

4. Quand j'étais étudiant, j'ai fait toutes sortes de travail, ... je n'étais pas très riche.

   au milieu de ces années / à cette époque-là

5. J'ai quitté l'Espagne en 2003, en février, ... en avril, je suis reparti au Ghana.

   à ce moment-là / deux mois plus tard

6. Mon fils avait deux ans quand nous nous sommes installés dans le Sud, ... , nous sommes partis en Italie, il est entré au collège.

   quelques années plus tard / l'année suivante

7. .... , cette ville a complètement changé, je ne reconnais plus rien.

   Pendant cette semaine / Pendant ces années

8. J'ai rencontré Julie en juillet, ... nous nous sommes perdus de vue pendant un an.

   après l'été / à cette époque-là

1) Lexique / suffixes

Dans les mots soulignés, identifiez le nom d'origine.

1. Cette statue d'athlète a <u>une musculature</u> impressionnante.

   ➜ . . . .

2. Le peintre Gustave Courbet a représenté de nombreuses scènes <u>champêtres</u>.

   ➜ . . . .

3. On assiste aujourd'hui à <u>une généralisation</u> de l'usage du téléphone portable.

   ➜ . . . .

4. Il a plu <u>abondamment</u> ces derniers temps.

   ➜ . . . .

5. Tu reconnaîtras Georges facilement : il a d'épais sourcils <u>broussailleux</u>.

   ➜ . . . .

6. Je trouve que Patrice a vieilli. Il a déjà les tempes <u>grisonnantes</u>.

   ➜ . . . .

7. La solution de ce problème est très simple. C'est <u>enfantin</u> !

   ➜ . . . .

8. Si tu fais du sport, je te conseille de consommer des aliments <u>énergétiques</u>.

   ➜ . . . .

2) Lexique / préfixes

Dans les mots soulignés, identifiez le mot d'origine.

1. Je ne comprends pas toujours Bertrand : il a parfois un comportement <u>déroutant</u>.

   ➜ . . . .

2. Ce costume te va très bien. Il te <u>rajeunit</u>.

   ➜ . . . .

3. J'ai été surprise par la pluie. Regarde, je suis toute <u>dépeignée</u>.

   ➜ . . . .

4. Claudine a des traits fins, un visage <u>allongé</u>. Elle est très jolie.

   ➜ . . . .

5. En Alsace, les toits sont souvent <u>surmontés</u> d'un nid de cigognes.

   ➜ . . . .

6. Le maire s'est adressé à l'ensemble de ses <u>concitoyens</u>, à l'occasion de la fête du village.

➜ . . . .

7. Pendant la durée de la foire, le centre-ville est <u>inaccessible</u> en voiture.

➜ . . . .

8. Je connais bien <u>le copain</u> de Josette.

➜ . . . .

3 Se faire du bien sans se faire mal

Lisez le texte et répondez au questionnaire.

Tout le monde s'accorde à reconnaître les bienfaits du sport pour la santé mais sa pratique doit s'accompagner de quelques précautions de bon sens.

La première règle consiste à respecter un principe de plaisir : pour que le sport soit bienfaisant, il faut savoir éviter toute forme de douleur. Ainsi doit-on proscrire courbatures, efforts excessifs, fatigue trop intense. Autre règle de base : il faut se préparer. En effet, on ne doit en aucun cas prendre des risques avec sa santé. Il convient donc de s'assurer que l'on est apte en rendant visite à son médecin généraliste. C'est lui qui pourra détecter si le sport n'est pas contre-indiqué. Ces contre-indications sont d'ailleurs très rares. Elles sont principalement liées à l'âge ou à certaines maladies. La visite médicale préalable à la pratique d'un sport est d'autant plus indispensable si vous n'avez pas pratiqué d'activité sportive depuis de longues années, si vous avez un excès de poids, si vous fumez, si vous avez une tension artérielle un peu élevée (hypertension) ou un excès de cholestérol.

Se préparer signifie aussi s'entraîner. Courir pendant plusieurs kilomètres sans aucune préparation provoquera à coup sûr des crampes et des courbatures. En revanche, un coureur amateur longuement et soigneusement entraîné peut parfaitement courir un marathon. Il faut que l'entraînement soit régulier et progressif. Pour qu'une activité sportive soit bénéfique pour la santé, il convient de la pratiquer pendant au moins trente minutes, trois fois par semaine. Il faut savoir doser son effort et progresser lentement dans sa durée et son intensité. Si vous êtes tout à fait sédentaire, vous pouvez commencer par quinze minutes de marche rapide (six kilomètres à l'heure). Vous passerez ensuite à vingt, trente, quarante minutes. Au bout de quelque temps, vous pourrez vous mettre à courir à petites foulées pendant quelques minutes. Les jours suivants, vous augmenterez progressivement le temps de la course et vous finirez par pouvoir courir pendant toute la durée de votre exercice sportif. L'entraînement est la meilleure assurance contre la souffrance dans la pratique d'un sport.

Autre mode de préparation : l'échauffement. Le cœur et les muscles ne doivent pas être sollicités brutalement en passant sans transition de l'inaction à l'effort. Avant chaque séance, on s'échauffera en faisant des étirements, des exercices d'assouplissement, en marchant à vitesse modérée pendant quelques minutes. De même, la pratique des étirements après l'effort évitera de souffrir de courbatures le lendemain.

Pendant l'activité sportive, il faut écouter votre corps : toute forme de douleur doit être ressentie comme un signal d'alarme. Si vous éprouvez une douleur dans les muscles, les articulations, le dos, ou dans la cage thoracique, il faut ralentir, voire vous arrêter. De même, si vous pratiquez une activité physique à plusieurs (course à pied, cyclisme, tennis, etc.), choisissez un partenaire de votre niveau pour ne pas outrepasser vos forces : vous risqueriez de souffrir et de ne plus éprouver le plaisir sans lequel il n'est pas de sport bénéfique.

	vrai	faux

1. Pour qu'une activité physique soit efficace et bénéfique pour la santé, il faut qu'elle fasse souffrir celui qui la pratique. ☐ ☐

2. Il est préférable de consulter un médecin avant de pratiquer régulièrement un sport. ☐ ☐

3. Il y a peu de contre-indications à la pratique sportive. ☐ ☐

4. Si l'on est fumeur, il faut éviter de faire du sport. ☐ ☐

5. Quand on pratique la course à pied, on souffre forcément de crampes et de courbatures. ☐ ☐

6. Pour tirer tout le bénéfice pour la santé d'une activité sportive, il faut la pratiquer pendant au moins trente minutes trois fois par semaine. ☐ ☐

7. Il faut savoir mesurer ses efforts et les augmenter progressivement. ☐ ☐

8. Pour ne pas avoir mal en pratiquant un sport, il faut s'entraîner régulièrement. ☐ ☐

9. Il est inutile de pratiquer des étirements après l'effort; il faut les faire avant. ☐ ☐

10. Il faut toujours choisir un partenaire plus fort que soi. ☐ ☐

4) Lexique / familles de mots

Identifiez le mot de base et regroupez les mots suivants par familles de quatre.

- le poil
- admettre
- paternel
- circuler
- le parrain
- littéraire
- isoler
- paisible
- oblitérer

- fraternel
- la paix
- la fraternité
- promettre
- épiler
- l'isolement
- autre
- le frère
- insulaire

- la circulation
- la pelouse
- une île
- parrainer
- pacifique
- émettre
- la peluche
- le cercle
- le confrère

- la littérature
- la lettre
- alterner
- mettre
- altérer
- circulaire
- alternatif
- le pacifisme
- le père

Mot de base			
faux	la faute	un faussaire	la falsification

5 Analyse de tableau chiffré

a) Observez le tableau et écoutez l'analyse explicative portant sur la pratique des langues en Europe.

Quelles autres langues connaissez-vous ? (enquête)

Langues	Pourcentage des habitants de l'UE à 15
Aucune	47,3 %
Anglais	40,5 %
Français	19,2 %
Allemand	10,3 %
Espagnol	6,6 %
Italien	3,0 %
Néerlandais	1,0 %

b) Sur le modèle de l'explication précédente et à partir du tableau de pourcentages ci-dessous, écrivez un commentaire explicatif des motivations des Français pour apprendre une langue étrangère.

Les motivations des Français pour apprendre les langues (enquête)

Motivation	Pourcentage
Pour utiliser la langue à l'étranger.	48,0 %
Pour sa satisfaction personnelle.	34,0 %
Pour l'utiliser dans son travail.	27,0 %
Pour s'ouvrir à une autre culture.	21,5 %
Pour obtenir un meilleur emploi.	19,0 %

. . . .
. . . .
. . . .

6 Comparatifs / superlatifs

Dans les phrases suivantes, mettez l'adjectif entre parenthèses au comparatif ou au superlatif.

1. Au retour, nous avons voyagé dans des conditions (pénibles) .... qu'à l'aller : il n'y avait plus une place assise et nous avons dû rester debout.

2. De l'argent ou du plomb, lequel de ces deux métaux est (lourd) .... ?

3. Les pays en voie de développement ont un Produit Intérieur Brut – ce qu'on appelle en jargon d'économiste le PIB – (petit) .... à celui des pays développés.

4. Le Vietnam est l'un des pays (séduisant) .... de tous ceux que je connais.

5. Dans le grand magasin de la place des Carmes, j'ai trouvé un magnétoscope près de 30 % (cher) .... que dans mon petit magasin de quartier.

6. Peux-tu me remettre ce travail (vite) .... que possible ?

7. Je te promets de te rembourser (vite) .... possible.

8. Jacques a eu 17/20 en mathématiques et 4/20 en anglais : décidément, il est bien (bon) .... dans les matières scientifiques que dans les matières littéraires.

7) Pronoms relatifs composés

Complétez avec un pronom.

1. L'appareil dans .... vous avez inséré la cassette n'était pas en état de marche.

2. La voiture avec .... j'ai fait ce périple a vingt ans.

3. La statue de Victor Hugo à .... je pense est à Besançon.

4. Les enfants avec .... nous sommes partis en vacances sont vraiment très sympathiques.

5. L'outil avec .... tu as fait ce travail s'appelle un tournevis cruciforme.

6. Les collègues avec .... tu as parlé sont portugais.

7. Les étudiants pour .... j'ai demandé une dérogation sont en France depuis deux ans.

8) Syntaxe des verbes

Complétez les phrases avec la préposition qui convient : *par, de, à, sur, pour, contre, avec, comme, du*.

1. Les gouvernements doivent prendre des mesures pour lutter .... le réchauffement de la planète.

2. Je ne sais pas si je pourrai venir avec toi à Paris. Cela va dépendre .... mon travail.

3. C'est une très belle église qui date .... XIIIe siècle.

4. Je trouve que Francis est très amusant ; il joue souvent .... les mots.

5. Ne me dis pas que tu t'es encore disputé .... tes voisins !

6. Je crois que la solution de notre problème passe .... une modification du règlement intérieur.

7. Bernard n'est pas modeste : il se considère .... le meilleur !

8. Je me suis toujours bien entendue .... Véronique.

9. C'est incroyable comme Alexandra ressemble .... sa cousine !

10. Non, merci, je ne reprends pas de viande : je me réserve .... le dessert !

9) L'apposition

Transformez chaque série de propositions en une seule phrase en utilisant l'apposition.

1. *Le Chemin des Bonshommes* se situe entre l'Ariège et la Catalogne, il nous entraîne dans le sillage des derniers Cathares.

   Situé entre l'Ariège et la Catalogne, Le Chemin des Bonshommes *nous entraîne dans le sillage des derniers Cathares.*

2. Le mont Beuvray, dans la Nièvre, culmine à 810 mètres ; il abrite les vestiges de la capitale des Éduens, citée par Jules César dans *La Guerre des Gaules*.

   . . . .

   . . . .

3. L'île du Tonga est idyllique, elle est accueillante, elle est située dans le Pacifique.

   . . . .

   . . . .

4. L'île de Ré est très fleurie, elle est dotée de restaurants de bonne qualité, elle représente un lieu de vacances accueillant et secret.

   . . . .

   . . . .

5. Je suis épris de randonnée, je pars chaque année découvrir un itinéraire et une région différents.

   . . . .

   . . . .

6. Le *Topo Guide 51* est consacré à l'île de La Réunion, il vous invite à la traversée de l'île du nord au sud.

   . . . .

   . . . .

7. La randonnée à thème s'oriente autour d'un thème lié à l'histoire, au patrimoine, à la faune, à la flore, elle permet de conjuguer santé et culture.

   . . . .

   . . . .

8. L'association *À pied en famille* a été créée pour proposer des sorties en groupe, elle propose des guides très détaillés de randonnée.

   . . . .

   . . . .

10) Itinéraire : les Calanques

a) Lisez le texte et répondez aux questions.

Sur près de 20 kilomètres, entre Marseille et Cassis, se succèdent une série de caps, de rades avec des petits ports, des plages, des failles, des grottes : ce sont les Calanques. Chacune d'entre elles a ses particularités, certaines sont habitées, d'autres désertes, elles sont accessibles par la route, à pied ou par la mer. Quand on prend la route au sud de Marseille, on arrive d'abord aux Goudes, il y a encore des pécheurs avec des barques colorées, c'est un village de cabanons typiquement marseillais. On arrive ensuite à Callelongue, hameau resté inchangé depuis des décennies. Il faut revenir en arrière dans le village, traverser un massif rocheux pour découvrir la calanque de Sormiou : avec deux vallons, ce hameau abrite une plage de sable, fait rarissime, et un petit port. En continuant vers l'est, on atteint Morgiou ; il y a, depuis là, deux calanques assez sauvages, accessibles à pied. La Calanque de Port-Miou est proche de Cassis.

Ces lieux qui ont un des climats les plus secs de France et les îles qui leur font face, l'île de Riou en particulier, sont des sites classés et protégés. En effet, ces lieux sont très fréquentés et donc sensibles.

Quand on pense aux Calanques, on voit l'azur de la mer, les sites grandioses des falaises. À découvrir.

1. Est-ce que toutes les Calanques sont identiques ?

. . . .

2. Les Calanques se situent au nord-est de Marseille.
☐ **oui**   ☐ **non**

3. Est-ce que les petits villages ont beaucoup changé ?

. . . .

4. Est-ce qu'il y a des plages dans toutes les Calanques ?

. . . .

5. Les Calanques proches de Morgiou sont-elles accessibles par la route ?

. . . .

6. En face des Calanques, il y a une seule île ?
☐ **oui**   ☐ **non**

7. Il est important de protéger cette zone ?
☐ **oui**   ☐ **non**

8. Ce site attire beaucoup de monde ?
☐ **oui**   ☐ **non**

b) Écrivez en quelques lignes ce que vous aimeriez faire dans ce lieu.

. . . .

. . . .

. . . .

11 Correspondance

Lisez les deux lettres de Gérard et rédigez la lettre d'Alain.

Caen, le 30 septembre 200.

Cher Alain,

Je viens d'arriver à Caen, c'est une ville très calme, j'ai trouvé un appartement dans le centre et je commence à explorer la ville. Je me suis inscrit à l'université et apparemment tout va bien.

Et toi, est-ce que tu as commencé à travailler à Lille, comment trouves-tu la ville ? Est-ce que ta copine a pu te rejoindre ?

J'ai envie d'avoir des nouvelles.

Amitiés,

Gérard

Lille, le 15 octobre 200.

Cher Gérard,

. . . .

. . . .

. . . .

. . . .

. . . .

. . . .

. . . .

. . . .

. . . .

. . . .

Alain

Caen, le 21 octobre 200.

Cher Alain,

Merci de ta lettre, j'ai été très content d'avoir de tes nouvelles. D'après ce que tu me dis, ton travail aux Trois Belges est très bien, j'en suis heureux pour toi. Je pense que tu vas t'habituer à la ville, bien sûr ce n'est pas évident pour toi qui aimes tellement la montagne. Si Sylvie peut s'installer avec toi dans deux mois, tout sera plus facile.

Mon appartement, c'est un trois pièces au 4e étage sans ascenseur, mais avec une petite terrasse et une belle vue. Si vous avez envie de venir me voir, je serai content de vous accueillir. J'ai eu des nouvelles de Pascale, elle est partie à Marseille faire une formation de guide touristique. Voilà, j'espère qu'on pourra se retrouver tous un de ces jours.

Amitiés,

Gérard

séquence 11   *Argumenter*

1) Pour ou contre la vie à la campagne ?

Écoutez l'enregistrement et indiquez quel interlocuteur a utilisé quel argument.

	Clotilde	Marc
1. Isolement à la campagne.	☐	☐
2. Tranquillité.	☐	☐
3. Prendre son temps.	☐	☐
4. Sortir facilement.	☐	☐
5. Profiter des loisirs chez soi.	☐	☐
6. Vivre dans l'agitation.	☐	☐
7. Possibilité d'aller dans les magasins.	☐	☐
8. Passer du temps avec ses amis.	☐	☐
9. Faire du sport dans la nature.	☐	☐

2) Conditionnel passé

Faites correspondre deux éléments pour faire une phrase.

1. Si nous avions eu plus de temps,
2. Si j'avais parlé avec Yves,
3. Si vous aviez apporté votre livre de français,
4. Si j'avais acheté des tomates,
5. Si j'avais averti Alain plus tôt,
6. Si vous aviez regardé le match de football hier soir,

a. nous aurions fait une salade.
b. nous aurions pu travailler sérieusement.
c. nous aurions visité le musée d'Orsay.
d. il aurait pu m'héberger quand j'irai à Paris.
e. vous auriez assisté à un beau spectacle.
f. il aurait peut-être pris une autre décision.

1.	2.	3.	4.	5.	6.

3) Conditionnel passé

Mettez les verbes entre parenthèses aux temps qui conviennent.

1. Si j'(avoir) .... plus de chance, je n'(perdre) .... pas .... cette partie de cartes.

2. Si j'(aller) .... chez Marie, j'(pouvoir) .... l'aider.

3. Si vous (travailler) .... un peu plus, vous (avoir) .... cet examen facilement.

4. Si tu t'(dépêcher) .... , tu (arriver) .... à temps pour prendre le premier train.

5. Si la police (prendre) .... des mesures de sécurité, cette manifestation se (dérouler) .... sans heurts.

6. Si nous (prévoir) .... cette grève d'avion, nous (aller) .... à Bordeaux en train.

Parcours 3 ★ Séquence 11   **77**

7. Si j'(apprendre) .... l'espagnol, j'(obtenir) .... ce poste au Nicaragua.

8. Si tu (prendre) .... une semaine de congés quand tu es allé à Hanoï, tu (pouvoir) .... faire du tourisme et visiter la baie d'Along.

4) Connecteurs

Complétez les textes qui suivent en choisissant les connecteurs parmi ceux qui sont proposés.

Le printemps des poètes
8 au 14 mars 2004

On peut se demander aujourd'hui à quoi sert la poésie dans un monde de conflits et de violences. L'édition de cette année avait choisi comme thème l'espoir.
Nous avons recueilli plusieurs opinions sur ce thème.

1. Je crois que la poésie est importante .... c'est une attitude qui, justement, se démarque de la violence et .... se situe en dehors des questions qui traversent notre monde, ou .... qui interroge différemment notre monde.

ainsi / parce que / cependant / tout au moins / si bien que

2. Pour moi, la poésie .... elle est modeste, silencieuse, représente une forme de résistance, ... elle fait entendre la voix de l'intelligence sensible. ....
des discours politiques, elle explore d'autres formes de parole.

bien que / même si / toutefois / car / à l'inverse / comme

3. Il est certain que la poésie s'appuie sur l'expérience humaine, ... elle va au-delà, ... elle montre ce que l'on ne peut comprendre. Elle permet l'ouverture sur les autres et l'espoir. .... elle fait accéder à l'intelligence, elle nous fait aimer la vie.

même si / cependant / en conséquence / en effet / car / mais

4. La poésie permet aussi l'échange, de ne pas faire dans la facilité, ... dans la simplicité et la générosité. Je crois que la poésie a un statut à part, ... il y a un réel problème de diffusion, ... elle reste confidentielle.

cependant / mais / en effet / en revanche

5) Je ne suis pas d'accord

Pour chacune des opinions exprimées, réagissez en donnant un avis contraire.

1. La pratique intensive d'un sport peut être dangereuse : en effet, faire toujours le même sport fait travailler les mêmes parties du corps et peut provoquer, si l'on fait cela à haute dose, des déformations ou des problèmes qui reviennent toujours.

. . . .

. . . .

2. Je préfère plutôt lire un livre que voir un film : un livre permet d'imaginer les personnages, les actions ; quand on regarde un film, on est complètement passif.

. . . .

. . . .

3. Je n'aime pas le théâtre. Pour moi, il y a quelque chose d'artificiel, je n'arrive pas à dépasser cette barrière et si une pièce est plus ou moins bien jouée, je trouve que c'est vraiment insoutenable.

. . . .

. . . .

4. Je n'aime pas aller au ski, je n'aime pas le froid ; il y a du monde, il faut faire la queue pour prendre les remontées mécaniques, en plus, c'est cher et les gens ne sont pas vraiment sympas. J'aime mieux la mer.

. . . .

. . . .

6) Constructions

Complétez la phrase en choisissant.

1. Je ne suis pas sûr :
- ☐ d'avoir bien compris.
- ☐ que j'ai bien compris.

2. C'est sûr :
- ☐ qu'il ne pleuvra pas.
- ☐ de pleuvoir.

3. Je suis désolée :
- ☐ d'être arrivée en retard.
- ☐ que je suis arrivée en retard.

4. Vous êtes sûr :
- ☐ d'avoir vu M. Marin sortir ?
- ☐ que vous avez vu M. Marin sortir ?

5. Ce n'est pas certain :
- ☐ Marc être arrivé.
- ☐ que Marc soit arrivé.

6. Je ne crois pas :
- ☐ que je n'ai pas pris les papiers de la voiture.
- ☐ avoir pris les papiers de la voiture.

7) Débat

a) Écoutez le débat et cochez le nombre de fois où vous avez entendu les expressions suivantes.

	0 fois	1 fois	2 fois
Absolument pas !	☐	☐	☐
Ce n'est pas vrai !	☐	☐	☐
Je ne suis pas d'accord !	☐	☐	☐
Je crois que…	☐	☐	☐
Je soutiens au contraire…	☐	☐	☐
Je ne partage pas votre avis.	☐	☐	☐
Vous avez tort.	☐	☐	☐
Vous oubliez que…	☐	☐	☐
Il me semble que…	☐	☐	☐
Je suis d'accord.	☐	☐	☐

b) Écoutez à nouveau le débat et résumez les opinions de M. Gonzales, de Mme Bichat et de Mme Nicot.

8) Ce qui... / ce que...

Transformez les phrases comme dans l'exemple.

EXEMPLE: *Les progrès technologiques m'ont beaucoup marqué à l'époque.*
> *→ Ce qui m'a beaucoup marqué à l'époque, ce sont les progrès technologiques.*

1. En France, j'aime beaucoup flâner dans le centre des villes.

   → ....

2. J'ai été très touchée par la gentillesse de Marine.

   → ....

3. Je ne peux pas accepter la malhonnêteté de Marie-Claude.

   → ....

4. C'est mon expérience qui me pousse à rester prudent.

   → ....

5. Travailler avec Jean-Claude m'a permis d'apprendre beaucoup.

   → ....

6. Rechercher un emploi est formateur pour un jeune.

   → ....

7. La pratique du jeu d'échecs m'a appris la patience.

   → ....

8. J'aime par-dessus tout voyager et rencontrer des gens qui sont dans une autre réalité.

   → ....

9) Ce qui... / ce que... / ce dont...

Complétez avec un des pronoms: *que, qui, dont*.

1. Ce .... je vous ai parlé reste confidentiel.
2. Ce .... j'ai vraiment aimé chez lui, c'est sa sincérité.
3. Ce .... m'a frappé dans ce film, c'est le montage de séquences qui parlent d'elles-mêmes.
4. Ce .... tu as besoin, c'est de partir huit jours au soleil et d'oublier ton travail.
5. Ce .... m'a rendu furieuse, c'est la bêtise de Gigi.
6. Ce .... m'aurait fait plaisir, c'est que tu arrives à l'heure.
7. Ce .... je suis fière, c'est d'avoir réussi à faire du ski nautique.
8. Ce .... tu as écrit pour ton devoir ne me convient pas vraiment: il faut revoir cela.
9. Ce .... me plaît chez cette fille, c'est son humour.
10. Ce .... tu as fait n'est pas vraiment génial.

10 Arguments

Lisez les affirmations suivantes et continuez la phrase en donnant un argument.

1. Regarder un film sous-titré, c'est plus agréable qu'un film doublé parce que...

. . . .

2. Regarder un film doublé, c'est plus agréable qu'un film sous-titré parce que...

. . . .

3. Prendre des vacances à la mer c'est mieux qu'à la campagne parce que...

. . . .

4. Travailler au mois d'août à Paris, c'est mieux que travailler en juillet parce que...

. . . .

5. Pour trouver un travail, faire des études à l'université c'est mieux que d'arrêter au baccalauréat parce que...

. . . .

6. Travailler, pour une femme, c'est mieux que de rester à la maison parce que...

. . . .

7. Ne pas travailler quand on a des enfants, c'est mieux parce que...

. . . .

8. Vivre seul, c'est mieux que de vivre en couple parce que...

. . . .

11 Votre avis

Écoutez l'enregistrement et relevez les arguments de chaque interlocuteur.

Arguments d'Ali	Arguments de Bernard

12 Syntaxe des verbes

Complétez avec *de, d', à, pour*.

Ce que vous venez .... dire n'est pas tout à fait exact. Je pense au contraire qu'il est très dangereux .... laisser les enfants vivre leurs propres expériences trop tôt : quand on parle .... autonomie .... les enfants, il faut prendre certaines précautions et doser l'autonomie en fonction .... l'âge. Les parents essaient souvent .... faire faire .... leurs enfants des choses dont ils ne sont pas capables. Il est nécessaire .... être conscients des possibilités des enfants à chaque stade. Bien sûr, surprotéger un enfant n'est pas bon, mais il ne faut pas lui demander .... accomplir l'impossible, car cela peut contribuer .... le déstabiliser et .... lui donner un sentiment d'insécurité. Je crois qu'il est préférable .... observer ses enfants, ... dialoguer avec eux .... connaître mieux leurs possibilités.

13) Expression écrite libre

Répondez à cette lettre en choisissant une des deux possibilités de vacances et donnez des arguments pour justifier votre choix.

> *Marie,*
> *Comme nous en avions parlé au téléphone, je me suis renseignée sur les deux possibilités de vacances pour cet été.*
> *Si tu veux faire du surf à Biscarosse, j'ai trouvé un centre de vacances où tu pourrais aller deux semaines en juillet, je te mets le dépliant dans la lettre. Il me semble que c'est bien, un peu cher, 1 200 euros. Si tu fais cela, tu pourras venir nous retrouver à Cannes fin juillet.*
> *Si tu préfères aller passer deux semaines à Paros en Grèce avec la famille de ton amie Julie, j'ai trouvé un billet d'avion pour le 5 août, retour le 21, ça coûte 500 euros. Dans ce cas, tu pourrais passer la dernière semaine de juillet avec nous, sauf si tu préfères trouver un petit travail en juillet.*
> *Voilà, réfléchis et dis-moi assez vite ce que tu décides pour que je fasse des réservations.*
> *Maman*

> *Chère maman,*
> ....
> ....
> ....
> ....
> ....
> ....
> ....
> ....
> ....
> ....
> ....
> ....

14) Critique

À partir des notes qui suivent, rédigez une critique structurée du livre présenté.

- Dernier roman de Michael Conolly
- Los Angeles River
- Meilleur que précédents
- Production de M. Conolly : un roman par an
- Deux héros :
    - tueur machiavélique Le poète, laisse des extraits de poèmes sur les lieux de ses crimes ;
    - Harry Bosch, ancien policier, détective fatigué, vie sentimentale ratée, pas en grande forme, résout l'enquête.

1) Les Français et l'Europe

Écoutez et complétez le tableau.

	Pourcentages
Sentiment positif	.... %
Sentiment négatif	.... %
Sentiment d'une culture européenne	.... %
Promesse dans le domaine économique et social	.... %
Conditions de vie meilleures en Europe	.... %
Favorables à une constitution européenne	.... %
Questions à traiter au niveau européen :	
– recherche scientifique	.... %
– sécurité des aliments	.... %
– environnement	.... %
– politique étrangère	.... %
– immigration	.... %

2) Conditionnel passé

Faites une phrase en reliant deux parties.

1. Tu aurais dû appeler un médecin

2. Si vous aviez réservé une chambre,

3. Vous auriez pu envoyer des fleurs

4. J'avais pensé que

5. Si vous aviez pris votre billet plus tôt,

6. Vous auriez dû parler avec Marine

7. Vous auriez pu passer un coup de fil

8. Si vous aviez acheté un appareil de bonne qualité,

a. pour avertir que vous seriez en retard.

b. vous auriez prévu ce changement.

c. vous auriez eu une réduction.

d. vous n'auriez pas besoin de le faire réparer sans arrêt.

e. il t'aurait donné quelque chose pour arrêter ces douleurs.

f. elle ne serait pas partie comme ça.

g. pour la naissance de la petite fille d'Habiba.

h. on vous aurait envoyé un fax de confirmation.

1.	2.	3.	4.	5.	6.	7.	8.

3) Commentaires

Lisez les trois résumés de livres et les commentaires. Faites correspondre un commentaire positif et un commentaire négatif à chaque livre.

1. *La lionne blanche,* roman de Mankell, met en scène son héros, commissaire de police dans la ville d'Ystad en Suède, il promène sa nostalgie, son regard désabusé sur la société suédoise, ses problèmes de cœur et de santé et démêle avec tranquillité une intrigue qui emmène le lecteur de la Suède à l'Afrique du Sud.

2. *Le voleur de goûter,* roman de Camilleri, est comme d'habitude un peu étrange, d'abord à cause de la langue utilisée, l'intrigue qui met en scène le problème d'immigration est bien construite. Et on a toujours le même plaisir à retrouver le commissaire Montalbano, avec ses rondeurs, son goût pour les petits plats et sa capacité à démêler les fils d'une histoire complexe qui nous conduit d'Italie en Afrique du Nord.

3. *Des amis haut placés,* roman de Donna Leon, est vraiment sympathique, on se laisse prendre par les déambulations du héros, commissaire de police, à travers Venise et ses canaux. Roman policier mais aussi social qui nous fait pénétrer dans la sphère des notables de la ville, des scandales immobiliers bien vite étouffés par les autorités. Notre héros a un côté touchant dans sa lutte pour la vérité et la moralité.

A. Je te conseille vivement de lire ce roman policier, c'est un vrai plaisir de se laisser aller dans les réflexions du commissaire, personnage que je retrouve toujours comme quelqu'un de familier et de subtil, j'ai l'impression de partager avec lui les plaisirs de la cuisine méditerranéenne.

B. C'est un roman qui vous donne le cafard si vous le lisez pendant un week-end pluvieux; on a l'impression que rien ne peut arrêter le crime et les manœuvres politiques de toutes sortes. Le héros est un personnage un peu falot, il n'a rien de vraiment attachant.

C. Je n'aime pas trop ce roman, la reproduction du dialecte sicilien en français est assez pénible. L'histoire est complexe, j'ai eu du mal à suivre les péripéties et le côté stéréotypé du personnage passe assez mal.

D. Je n'ai pas beaucoup aimé ce roman, peut-être parce que j'en ai lu plusieurs de cet auteur et qu'il y a une certaine monotonie, ou répétition dans la mise en scène du personnage principal. Je trouve l'atmosphère mélancolique, oppressante et désespérée. En plus, l'intrigue est un peu tirée par les cheveux.

E. J'adore cette ambiance ouatée, j'ai l'impression de voir la neige, de sentir le poids de la ville, la lassitude du héros et de cheminer avec lui.

F. J'ai bien aimé ce livre, retrouver les dédales de cette ville mythique, avec ce petit commissaire qui, s'il n'est pas remarquable, séduit par ses capacités de s'opposer à l'ordre établi en effectuant modestement son travail.

	1.	2.	3.
Critique positive			
Critique négative			

4) Vous n'êtes pas d'accord ?

Écoutez l'enregistrement. Puis choisissez, parmi les trois réponses, celle qui correspond le mieux à la situation de communication pour exprimer un désaccord ferme.

1. ☐ Un peu. ☐ Mais pas du tout ! ☐ Pas toujours.
2. ☐ Impossible. ☐ C'est vrai. ☐ Pas forcément.
3. ☐ Ce n'est pas ça. ☐ Jamais de la vie ! ☐ Sans doute.
4. ☐ Tu te trompes. ☐ Pas beaucoup. ☐ Certainement pas.
5. ☐ Je ne pense pas. ☐ Peut-être. ☐ Sans doute.
6. ☐ C'est possible. ☐ Pas exactement. ☐ Un peu.
7. ☐ Pas beaucoup. ☐ En effet. ☐ C'est juste.
8. ☐ Je ne pense pas. ☐ Certainement pas. ☐ Mais pas du tout !

5) Vous êtes d'accord ?

Écoutez l'enregistrement. Puis choisissez, parmi les trois réponses, celle qui correspond le mieux à la situation de communication pour exprimer un accord ferme.

1. ☐ On peut dire ça. ☐ Absolument. ☐ Pas forcément.
2. ☐ C'est exact. ☐ Peut-être. ☐ Presque…
3. ☐ Certainement. ☐ Peut-être pas. ☐ Jamais de la vie !
4. ☐ Sans doute. ☐ Un peu. ☐ En effet.
5. ☐ Peut-être. ☐ C'est vrai. ☐ Tu te trompes.
6. ☐ Impossible. ☐ Probablement. ☐ Exact.
7. ☐ Pas toujours. ☐ C'est possible. ☐ Ah oui, alors !
8. ☐ Un peu. ☐ On peut dire ça. ☐ Absolument.

6) D'accord ? Pas d'accord ?

Écoutez l'enregistrement. Puis choisissez, parmi les trois réponses, celle qui correspond le mieux à la situation de communication pour exprimer un accord ou un désaccord nuancé.

1. ☐ Pas forcément. ☐ Absolument. ☐ Jamais de la vie.
2. ☐ Pas du tout. ☐ On peut dire ça. ☐ En effet.
3. ☐ Certainement. ☐ En aucun cas. ☐ Pas beaucoup.
4. ☐ Un peu. ☐ Certainement pas. ☐ Tout à fait.
5. ☐ Absolument pas. ☐ Pas toujours. ☐ C'est vrai.
6. ☐ Absolument. ☐ Jamais de la vie ! ☐ Pas forcément.

7 L'industrie du disque

Lisez et complétez ce texte en choisissant.

L'industrie du disque semble traverser une crise incontestable, elle touche (surtout / pas du tout) .... la production de chansons françaises. Beaucoup de rumeurs ont circulé sur le fait que plusieurs chanteurs français et non des moindres (ont / auraient) .... été remerciés par leur maison de disque; il semble que ces rumeurs soient un peu exagérées.

(En revanche / Cependant) .... la crise est là: au premier trimestre 2004, la baisse des ventes de CD a atteint 21,4 %. Les grosses maisons de production démentent ou accusent les pratiques de ce milieu qui encouragent le règne de l'argent fou: les avances énormes, les plans de marketing trop onéreux et insistent sur le fait que les artistes vont être obligés de revoir leurs prétentions à la baisse. D'autres (pensent / rêvent) .... que cette crise peut être salutaire, pour d'autres encore, elle va entraîner la disparition des chanteurs de la classe moyenne – 80 000 exemplaires par exemple –, (si bien que / mais) .... ces chanteurs pourraient être les vedettes de demain: c'est (donc / cependant) .... une pépinière de talents qui va disparaître.

(Alors / Par exemple), ... on désigne un grand coupable: le piratage, l'accès gratuit à la musique par Internet. Une campagne va être lancée pour lutter contre ce phénomène.

(Alors / Cependant) .... , cette offensive est un peu facile: beaucoup s'accordent pour dire que les maisons de production avaient les moyens de lutter contre le piratage, (mais / ainsi) .... que la rentabilité et la logique de profit à court terme les ont empêchées d'anticiper et d'accompagner le développement du numérique. Elles ont préféré faire des bénéfices faciles sur des produits venus des émissions comme la « Star Ac », sur les reprises, (donc / par exemple) .... sur des succès faciles plutôt que de favoriser les nouveaux talents. C'est pour cette (raison / question) .... que les maisons de disques sont gérées actuellement par des spécialistes du marketing et non par des spécialistes du développement artistique. (En revanche / Mais) .... si l'industrie du disque est en perte de vitesse, la musique reste un grand business et la révolution numérique modifie considérablement les règles du jeu.

8 Familles de mots

Trouvez les noms qui correspondent aux verbes.

EXEMPLE : confier ➜ confiance

1. perdre ➜ ....
2. méfier ➜ ....
3. arrêter ➜ ....
4. discuter ➜ ....
5. soigner ➜ ....

6. amener ➜ ....
7. passer ➜ ....
8. sortir ➜ ....
9. chercher ➜ ....
10. inonder ➜ ....

9 Reprises

Écoutez les enregistrements et notez les mots qui reprennent un autre mot ou un élément de phrase.

1. les antennes → . . . .

2. M. Perhon → . . . .

3. les acariens → . . . .

4. le film → . . . .

5. la région de Bordeaux → . . . .

6. il est sous le charme d'Élodie → . . . .

7. le directeur → . . . .

8. un train a été arrêté deux heures → . . . .

10 Ce qui... / ce que...

Complétez les phrases, selon le cas, avec : *ce qui, ce que, ce qu', ce dont*.

1. N'oublie pas .... je t'ai dit : tu dois absolument être rentré pour 17 h.

2. .... me plaît chez Brigitte, c'est son sens de l'humour.

3. Tu peux me dire .... je dois acheter au supermarché ?

4. .... on se souvient le mieux, c'est des moments heureux.

5. Dans la vie, on ne peut pas toujours faire .... on veut.

6. Je te donnerai tout .... tu auras besoin.

7. Tu ne sais pas .... m'est arrivé ? J'ai eu un accident en venant ici.

8. .... je ne t'ai pas dit, c'est que René était furieux : il est parti en claquant la porte.

11 Conseils

Vous avez une liste de problèmes et une série de conseils. Trouvez les conseils qui correspondent à chaque problème et reformulez en les reliant.

Problèmes

1. Vous avez pris du poids ? Que faire ?

2. Vous dormez mal la nuit ? Que faire ?

3. Vous avez des problèmes avec vos colocataires. Que faire ?

4. Vous terminez toujours le travail que vous devez faire au dernier moment. Que faire ?

5. Vous voulez faire du sport, mais vous n'avez jamais le temps ? Que faire ?

Conseils

a. Faire un planning chaque semaine.

b. Vous réserver une heure par jour que vous noterez dans votre agenda.

c. Ne pas manger au restaurant.

d. Parler des difficultés communes.

e. Cuisiner des plats à base de poisson et de légumes.

f. Avoir des activités relaxantes dans la soirée.

g. Ne pas boire de café.

h. Prendre rendez-vous avec un ami pour faire une activité ensemble.

i. Faire des concessions et proposer des idées pour simplifier le quotidien.

j. Prévoir des plages de travail à l'avance en vous fixant des objectifs.

12 Chronologie

Reconstituez le texte en remettant les extraits dans l'ordre qui convient.

L'explosion du sport

A. Mais la pratique sportive a également connu une véritable explosion, en partie à cause de la médiatisation de nombreux sports par la télévision. Plus de 60 % des Français pratiquent une activité sportive de façon régulière et on estime à 20 % de la population le nombre de Français qui possèdent une licence sportive. Certains sports, comme le football, le rugby, le tennis occupent une place de plus en plus grande dans les grilles horaires des télévisions. Ainsi, France Télévisions a programmé pour 2004 plus de 900 heures de retransmissions de manifestations sportives.

B. Les sportifs sont les héros des temps modernes : leurs exploits sont retransmis par toutes les télévisions du monde et leurs victoires mettent les foules en transe. Le champion accède désormais à la catégorie des personnes les plus populaires de la planète. Il devient une star. La publicité lui offre des ponts d'or et il est adulé de tous.

C. Enfin, le culte de la performance qui caractérise nos sociétés est aussi une explication possible.

D. D'autre part, la plus grande attention portée à sa santé par une population vieillissante peut aussi justifier cet engouement. Dans le même ordre d'idées, le souci plus développé de son apparence physique dans une société qui privilégie souvent les valeurs et atouts de la jeunesse peut également expliquer cette évolution.

E. D'autre part, le sport prend dans nos sociétés une place de plus en plus importante. Jamais le sport n'a été aussi présent dans notre vie quotidienne. Jamais il n'a agité et produit autant d'argent. Jamais il n'a constitué un marché aussi important et jamais on n'a vendu autant de produits et accessoires nécessaires à sa pratique : skis, vélos, chaussures, raquettes, produits alimentaires énergétiques, etc. Ce marché représente un secteur économique considérable. En une trentaine d'années, le sport est donc devenu à la fois un spectacle et un business.

F. Ce développement considérable du sport, dans tous ses aspects notamment financiers, et l'explosion du nombre de ses pratiquants ne risquent-ils pas de provoquer des dérives ? On pense, bien sûr, au dopage dont les rebondissements judiciaires défraient régulièrement la chronique. Il appartient aux pouvoirs publics de s'en préoccuper en développant, en particulier, une éducation qui véhicule et enseigne les valeurs fondamentales du sport.

G. Plusieurs causes expliquent cet intérêt passionné des Français pour le sport comme pratique et comme spectacle. La diminution du temps de travail et l'augmentation du temps des loisirs constituent une première explication.

1.	2.	3.	4.	5.	6.	7.
B.						

Transcriptions

parcours 1

Page 6

1) Nourriture de tous les pays

1. J'ai passé quinze jours dans un pays merveilleux où la gastronomie est très riche, j'ai mangé toutes sortes de viandes : du veau, du bœuf, du mouton, mais pas de porc. C'était des plats avec des sauces très variées, au citron, aux olives, à la tomate. La nourriture est un peu épicée mais pas trop ; le plat le plus répandu, c'est le couscous. Les desserts sont délicieux, je me rappelle en particulier des cornes de gazelle.
2. Le pays où j'ai passé mes vacances est un pays chaud, j'ai mangé beaucoup de poisson et de poulet, des crevettes, des langoustes ; la nourriture est très épicée. Les sauces sont à base d'arachide et de piment. Je buvais de la bière et beaucoup de thé.
3. Quand je suis rentré de ce pays, j'avais envie de viande parce que j'ai mangé beaucoup de poisson sous toutes ses formes : fumé, salé, en conserve… Il faut dire que j'étais sur la côte. Il y avait une grande variété de poisson : du saumon, du hareng, des crevettes, de la morue. J'ai bien aimé les desserts à base de crème et de fruits des bois.
4. Dans ce pays, j'ai mangé une cuisine très exotique pour moi : des soupes aux algues, du poisson cru, du tofu, c'est une espèce de fromage de soja et bien sûr, du riz. C'est une nourriture très saine et très légère.
5. J'ai mangé beaucoup de viande, beaucoup de plats surgelés, je faisais des petits déjeuners très riches avec des céréales, des œufs. J'ai découvert le beurre de cacahuète, je n'en avais jamais mangé. Et ce qui est bien, c'est qu'il y a des restaurants de tous les pays.
6. C'est un pays où la nourriture est très importante. Il y a une grande variété de plats selon les régions. J'aime beaucoup le foie gras. J'ai profité de toutes les spécialités, j'ai même mangé des escargots et des grenouilles. Et je me suis initié à la dégustation des vins.
7. Dans ce pays, la nourriture est incroyablement variée : en quinze jours, je n'ai jamais mangé la même chose : le riz est délicieux et accommodé de façon variée, j'ai mangé des nems, des rouleaux de printemps, des plats à base de poulet, de poisson et toutes sortes de légumes.

Page 6

2) Une journée super !

Virginie :
Je suis allée avec des copains à la mer, on est partis très tôt vers 6 h. Vers midi, on a pique-niqué, on avait fait des courses le matin sur la route. L'après-midi, on s'est baignés. On est rentrés vers 9 h du soir. Au retour, on s'était arrêtés pour boire quelque chose, il y avait une fête avec un orchestre, on a dansé, c'était vraiment sympa !

Robin :
Moi, j'ai passé une journée à la maison, c'était vraiment bien ! Je me suis levé à 7 h, le matin, j'ai regardé un film, *Chaos*, que je n'avais pas vu. Pas mal. Mais avant, tôt, j'étais allé faire un footing. Pour le déjeuner, je me suis fait livrer un repas chinois, excellent ! L'après-midi, j'ai lu : je m'étais acheté plusieurs bouquins samedi. Marie est passée vers 8 h, elle m'avait téléphoné deux heures avant ; elle avait besoin de parler, on a dîné ensemble.

Page 8

7) Récit à l'oral

– Qu'est-ce que vous avez fait pendant les vacances de Noël ?
Jeanne :
– Je suis allée voir des amis à Bordeaux, on a visité la région, on a goûté de bons vins, on a fait des promenades dans les Landes. Ensuite, je suis allée à Paris, j'ai vu des exposi-tions, je suis allée au cinéma et le soir du Nouvel An, je suis allée sur les Champs-Élysées, il y avait beaucoup de monde !
Marc :
– Avec Alice, on est allés faire du ski à Megève. Au début, il n'y avait pas trop de neige mais après quelques jours, il a neigé, c'était parfait ! Nous avons passé les soirées avec des amis dans des restaurants, c'était sympa !
Alain :
– Moi, je suis allé à la Martinique ; Noël sous les cocotiers, génial ! J'ai fait du scooter des mers, j'ai fait le tour de l'île, j'ai rencontré des amis… De très bonnes vacances !
Hélène :
– Moi, j'ai travaillé, je n'ai eu qu'un jour de congé pour Noël ; je suis infir-mière et, à l'hôpital, c'est un moment où il y a beaucoup de travail ; les grippes, les accidents de ski… Mais je prendrai des vacances au mois de mars ; et c'est pas mal au printemps !

Page 15

4) Devinettes

1. C'est rond, jaune et c'est indispen-sable pour jouer au tennis.
2. C'est un moyen de transport écolo-gique, c'est un objet à deux roues.
3. Cet objet peut être utile pour tra-vailler ou sert à jouer, on peut aussi envoyer des messages avec.
4. Cela permet d'être informé, ce n'est pas très cher, on le trouve chaque jour.
5. C'est utile pour emporter ses affaires avec soi ; les formes de cet objet sont variables.
6. C'est de toutes les couleurs, on en trouve au printemps, certaines sont parfumées.
7. C'est un petit objet pratique, qui tient dans la poche, qui se déplace partout. Avec cet objet, on peut parler à ceux qu'on aime, partout.
8. C'est un objet que l'on porte au doigt, il y en a de plusieurs formes et couleurs.

5 Appartement

Raphaël

Mon appartement est agréable, il y a un grand salon, deux chambres, une cuisine à l'américaine et une salle de bains.

Julie

Chez moi, ce n'est pas très grand, il y a une entrée, un salon avec un bureau à côté, la cuisine donne sur le salon, et puis il y a à droite de l'entrée la salle de bains et ma chambre.

Samy

Mon appartement comprend un grand living avec une cuisine en face, une chambre et une salle de bains.

séquence 3

Page 20

1 Repérer une opinion

1. – Tu as vu Karim ce matin ?
   – Oui, devant la machine à café. Pourquoi ?
   – Il paraît qu'il a eu un problème avec Alain…
   – Ah bon ! Il avait l'air en forme pourtant, mais c'est vrai qu'il est toujours souriant, de bonne humeur, non je n'ai rien remarqué.
   – Il est vraiment solide, lui, rien ne le trouble.
   – En plus, on dirait qu'il est content de travailler ici.
   – Au moins, il y en a un…
2. – Salut, ça va ?
   – Bof, moyen, j'ai encore eu des problèmes avec Bernadette !
   – Oh tu sais, tout le monde en a avec elle, elle est impossible, elle se met en colère pour rien, elle dit du mal de tout le monde.
   – Oui mais moi, je suis dans le même bureau qu'elle et je la supporte toute la journée !
   – Demande à changer de service.
   – Tu crois que c'est facile !
3. – Bonjour, ta journée s'est bien passée au lycée ?
   – À peu près.
   – Pourquoi ?
   – Je ne supporte plus le prof de maths, il explique mal, si on ne comprend pas, il crie… Aujourd'hui, on a eu une interrogation, je ne savais pas ce qu'il fallait faire, je lui ai demandé et il m'a répondu que je n'avais qu'à être attentif pendant les cours.

– Fais un effort, les choses vont peut-être s'arranger !

Page 22

5 Opinion

1. Je trouve que c'est un mode de vie qui isole, bien sûr il y a des avantages, mais personnellement, j'aime la foule et me sentir entourée.
2. Cela permet de rester en bonne santé et quand on sort du travail, ça me permet d'oublier tous les problèmes, en plus c'est agréable.
3. C'est une façon d'entrer en contact avec des gens qui sont différents, de comprendre des mentalités différentes, c'est aussi un jeu pour l'esprit.
4. J'aime bien me sentir dans un groupe, c'est l'esprit d'équipe qui m'attire, se retrouver avec des gens que l'on connaît bien, oui, c'est une façon de partager quelque chose.
5. J'adore les rencontres, la nuit, les particularités des lieux, les gens que je ne verrais jamais ailleurs.

Page 25

13 Élections

Les engagements que je prends pour notre région sont simples, vous attendez tous que notre action améliore votre cadre de vie, nos engagements sont concrets.

Notre premier objectif est de créer des emplois : il faut rénover la formation, créer des métiers d'avenir, en particulier par l'apprentissage ; nous nous engageons à créer 1 000 emplois jeunes.

Il faut que les jeunes aient accès à tous les moyens de formation : pour cela, nous pensons que les livres scolaires doivent être gratuits pour les lycéens, que les jeunes doivent avoir accès aux nouvelles technologies.

Nous voulons respecter l'écologie et lutter contre le gaspillage, nous nous engageons à réduire de 5 % la consommation d'énergie.

Tous doivent avoir accès à la culture et au sport, dans toutes les localités de notre région.

Une région, pour que ses habitants puissent étudier et travailler, a pour mission de faciliter les transports, nous proposons de favoriser les transports collectifs en bus et en train et de créer un forfait pour ces deux moyens de transport.

Pour dynamiser l'économie, nous nous engageons à créer une agence de développement pour rassembler toutes les énergies.

séquence 4

Page 28

4 Voyages, voyages

1. – Allô, Marie ?
   – Bonjour, Yann. Ça va ?
   – Oui. Je t'appelle car je vais être un peu en retard, je rentre de Belle-Île-en-Mer…
   – Ah oui, tu as pris une semaine. C'était bien ?
   – Très bien ; on était dans un hôtel très agréable, à Locmaria. Les enfants ont fait du poney et du roller et nous sommes sortis plusieurs fois en mer pour pêcher.
   – C'était cher ?
   – 527 € par personne.
   – Et comment s'appelle l'hôtel ?
   – Le Manoir, il y a même un site si ça t'intéresse :
   www.lemanoir.com
   J'arriverai vers 11 h, à tout à l'heure !
   – À plus tard.
2. – Bonjour Julie, tu as l'air en pleine forme !
   – Oui, je viens de rentrer, j'ai passé un week-end en Espagne…
   – Où ?
   – À Valence.
   – Ah bon ? Je ne connais pas Valence…
   – On était dans un hôtel au centre-ville, tout près des arènes et du musée taurin.
   – Qu'est-ce que tu as fait ?
   – On a visité la vieille ville, le musée taurin, bien sûr, et aussi un aquarium ; il paraît que c'est le plus grand d'Europe. On est allés en excursion dans un village près de Valence. Et à l'hôtel, on a très bien mangé : de la paella, des fruits de mer…
   – Et c'était cher ?
   – Pas trop : 357 € par personne. Ça m'a fait du bien !
   – Donne-moi le téléphone, on ne sait jamais…
   – 00 34 96 322 09 18.

Page 29
5) SNCF

– Regarde, c'est pas possible ; quand j'ai acheté un billet de train pour aller en Italie le mois dernier, j'ai payé avec ma carte bancaire…
– Oui, et alors ?
– Eh bien, la SNCF m'a débité deux fois le prix du billet…
– Tu es sûre ?
– Oui, regarde !
– À ta place, je leur écrirais. Téléphone à la gare pour savoir où tu dois adresser ta lettre et envoie aussi la photocopie de ton billet et du relevé de la banque.
– Oui, je vais faire ça.

parcours 2
séquence 5

Page 36
1) CV

– Vous êtes monsieur Syban Paul, c'est cela ?
– Jean-Paul.
– Vous avez quel âge ?
– 41 ans.
– Quelle est votre formation ?
– J'ai fait un BTS en micro-mécanique et puis je suis entré dans une école d'ingénieur pour faire une formation en informatique.
– Vous avez une solide expérience, non ?
– Oui, j'ai travaillé pendant cinq ans dans une filiale de lama, puis dix ans dans le département informatique d'Air France.
– Pourquoi le poste que nous proposons vous intéresse-t-il ?
– Parce que j'ai envie de travailler à l'étranger. Je parle bien espagnol et, bien sûr, anglais.

Page 36
3) Discours rapporté

1. Je voudrais dire que ce qui se passe est extrêmement inquiétant.
2. Votre plan est très bon, cependant je pense que quelques modifications le rendraient excellent.
3. Je comprends que vous ayez augmenté les impôts mais les conséquences de cette mesure seront sans doute négatives.
4. Vous allez, je l'espère, profiter de notre région pendant quelques jours et y passer de bons moments.
5. Cette décision est complètement idiote, je ne suis pas fière de vous !
6. Je partage votre avis ; il faut augmenter les impôts.

séquence 6

Page 44
7) Annonce

– Bonjour, je vous appelle car je voudrais passer une annonce…
– Vous pouvez la mettre dans notre magazine, mais aussi sur notre site…
– Oui, sur les deux.
– Alors… vos coordonnées ?
– Claude Legras, mon téléphone : 03 85 54 63 57.
– Quel est le contenu de votre annonce ?
– Voilà, je vends une maison près de Marseille, dans un village, à Cabriès. C'est une maison récente, de 150 m², 4 chambres, 2 salles de bain, un grand séjour, une cuisine équipée…
– Qu'est-ce que vous souhaitez ajouter ?
– Il y a peu de terrain, mais une grande terrasse, il y a des magasins dans le village, le prix c'est 400 000 €, c'est une construction de bonne qualité.
– Vous me donnez votre adresse et je vous envoie une proposition d'annonce.
– clegras@wanadoo.fr.
– Parfait ! Cette annonce vous coûtera 22 _ pour une semaine, je vous envoie une facture.
– Merci, au revoir.

Page 44
9) Programmes audiovisuels à l'école

Une enquête du ministère de la Jeunesse, de l'Éducation nationale et de la Recherche et de l'institut Ipsos nous éclaire sur l'utilisation des documents audiovisuels à l'école. Des enseignants de toutes les catégories ont été interrogés. Voici les résultats de cette enquête.
Tout d'abord, on peut dire que moins de quatre enseignants sur dix utilisent des programmes audiovisuels : en effet, 36,3 % des enseignants interrogés ont utilisé au moins une fois par mois pendant l'année écoulée des documents audiovisuels.

D'où viennent ces documents ? Ce sont, pour 57,2 %, des documents achetés, prêtés ou donnés, pour 23,7 %, des documents qui proviennent de la télévision, pour 13 %, des documents réalisés par les enseignants ou leurs proches et enfin, pour 4,7 %, des documents téléchargés.
On peut, par ailleurs, estimer qu'il y a une très grande diversité des documents cités par les professeurs et qu'ils sont donc adaptés aux différentes situations pédagogiques.
En ce qui concerne les documents provenant de la télévision, ils viennent pour la majorité de France 3 (38 %), puis de France 5 (18, 2 %), de France 2 (11 %) et enfin d'Arte (8,9 %).
Les enseignants qui n'utilisent pas de document audiovisuel le font par manque d'usage et manque de temps.

Page 44
10) Professions

1. J'ai fait des études très longues, mais j'ai un métier passionnant, il y a des risques, il faut beaucoup de disponibilité. Je travaille plus de 10 heures par jour, il faut aimer les gens. Je n'ai pas fait de spécialisation, je préfère m'occuper des individus dans leur ensemble.
2. Je me lève très tôt, car le premier bulletin d'informations est à 6 heures du matin, je lis la presse ensuite je travaille avec mes collaborateurs et à 6 heures, vous pouvez m'entendre pour les premières nouvelles de la journée.
3. Il faut aimer être à l'extérieur, je prends des mesures, et je travaille dans toute la région, en général on est deux, on fait équipe, j'aime bien voir des paysages différents, ce n'est pas monotone.
4. Je commence tôt, j'ouvre le magasin à 7 heures, et j'aime bien le contact avec les gens, l'odeur des croissants chauds. Je fais de longues journées mais ça me plaît comme travail.
5. Mon métier consiste à faire des affaires, à trouver les bons clients pour les bons vendeurs, il y a beaucoup de contacts, je me déplace beaucoup, mais c'est agréable.
6. Je travaille à la maison, je me lève vers 7 heures et je me mets devant mon ordinateur jusqu'à midi. L'après-midi, je m'occupe de ma famille, je fais des choses pour moi,

quand j'ai une idée je la note. Même quand je fais autre chose, je pense au travail en cours.

séquence 7

Page 50
5) Moi, ce que je pense...

1. Malgré les affirmations du gouvernement qui prétend que nous sortons de la crise économique, il semblerait que la reprise se fasse attendre.
2. Mais non, tous les antiquaires ne sont pas des voleurs !
3. Notre ville est particulièrement agréable : les transports en commun sont très développés et très pratiques, les espaces verts sont importants, on développe le secteur piétonnier…
4. Andréas est d'une intelligence étonnante pour son âge.
5. Depuis cinq ans, notre production à destination de l'étranger a pratiquement doublé.

Page 51
8) Comment dire la même chose ?

1. Gérald viendra à mon anniversaire : ce n'est pas possible qu'il ne vienne pas !
2. Je n'ai absolument aucune idée de l'endroit où j'ai pu laisser mes clés.
3. On pourrait peut-être repeindre la chambre en bleu. Ce serait joli, non ?
4. Je t'assure, Pierre nous prêtera sa voiture. Il ne peut rien me refuser, c'est comme un frère pour moi.
5. Est-ce que je peux réussir ce concours ? Tu sais, je me pose souvent la question.
6. À moi, il ne faut vraiment pas me demander de résoudre une équation. Je suis nul en maths.
7. La police a retrouvé une grosse somme d'argent chez ce monsieur. En outre, il ne peut pas expliquer où il était la nuit du cambriolage. C'est lui, le coupable.
8. Regarde, là-bas. On dirait que c'est Patrick tu crois que c'est lui ?

Page 52
10) Opinions

1. Moi, je pense qu'Internet a vraiment rapproché les gens, tu te

rends compte de la facilité de communiquer, de travailler aussi, c'est un outil incroyable. En plus, sur le plan humanitaire, cela permet d'établir des liens entre des gens qui ne se seraient jamais rencontrés. Vraiment, pour moi, c'est la découverte de la fin du XXe siècle.
2. Moi, j'utilise beaucoup Internet pour mon travail, c'est aussi une énorme bibliothèque mais ça ne remplace pas le reste ; les livres, la vie, je suis pour mais avec une utilisation limitée.
3. Moi, je n'aime pas trop les écrans, j'aime mieux passer du temps à écouter de la musique, à lire, je ne vois pas l'intérêt de ces machines. Je préfère écrire, il y a un temps de réaction qui me convient mieux. J'aime bien téléphoner aussi, entendre la voix des autres.
4. Je trouve qu'Internet, c'est un outil intéressant, c'est une façon de réduire la distance, bon, il faut savoir l'utiliser et ne pas se laisser envahir. Moi, je m'en sers pas mal surtout avec les amis qui sont loin. Pour le travail, c'est autre chose…
5. Internet ? je ne sais pas ce que c'est et je ne veux pas savoir ! Ces modes de communication vous rendent la vie impossible !

séquence 8

Page 56
7) Valeurs du conditionnel

1. Je vois bien que tu n'es pas très en forme, tu devrais peut-être te reposer et voir un médecin.
2. L'AFP a diffusé aujourd'hui une information selon laquelle le président de la République envisagerait de dissoudre l'Assemblée pour provoquer de nouvelles élections législatives.
3. Pour réussir cet examen, je crois qu'il faut vous entraîner. Vous pourriez par exemple lire tous les jours un article dans le journal et en faire un résumé.
4. Vous pensez que je pourrais obtenir rapidement ma carte de séjour ? Pourriez-vous m'indiquer les démarches les plus efficaces ?
5. C'est certain, j'aurais dû travailler plus : j'aurais eu une chance d'avoir cet examen, mais bon, ce sera pour la prochaine fois.

6. Alors voilà, on arrêterait de travailler, on partirait en Grèce pendant deux mois, on prendrait notre temps…
7. J'aimerais bien que tu relises le travail que j'ai terminé.
8. Vous avez dit que nous n'aurions pas d'augmentation ce mois-ci ?

Page 59
11) Messages

1. – Mademoiselle ?
– Oui, monsieur ?
– Pouvez-vous envoyer un fax à la société Desclous ?
– Oui.
– Vous leur indiquerez que, lors de la livraison de mercredi dernier, le 2 décembre, ils nous ont fourni des pièces qui ne correspondent pas à notre commande. Nous voulions des vis de 8 cm de diamètre et elles n'ont que 5 cm. Vous leur demanderez, poliment bien sûr, de faire l'échange le plus vite possible.
– Très bien ! Je l'adresse à qui, le fax ?
– À Monsieur Ducros, et vous me donnez le double.
– Bien sûr, monsieur Charles.
2. – Jean, tu pourrais m'aider à faire une lettre ?
– Oui, pourquoi ?
– Le secrétariat de l'UFR de Sciences et techniques de Toulouse m'a envoyé un dossier d'inscription.
– Oui, et alors ?
– Ils m'ont envoyé le dossier pour entrer en premier cycle et je veux m'inscrire en master.
– D'accord, je te prépare la lettre et on l'envoie par fax.
– Merci.

parcours 3
séquence 9

Page 63
4) Préfixes

1. Dans ce quartier, il y a beaucoup d'immeubles.
2. Claude est complètement incompétent.
3. Ces détournements d'argent, c'est vraiment immoral.
4. C'est impossible de faire ce devoir !
5. Ce nom m'est complètement inconnu.

6. Je vais vous adresser à un confrère.
7. Cette maison est très conviviale.
8. Il est compromis dans une sale histoire.

Page 66
12 Festival Noir

– Tu as vu, les 22 et 23 mai, c'est le festival du polar.
– Ah oui, comme l'année dernière ? Qu'est-ce qu'il y a au programme cette année ?
– Le samedi, ça commence à 2 h, il y a une exposition avec des auteurs : Claude Amoz, Jean-Bernard Pouy, Thierry Crifo, Dominique Manotti et d'autres encore. À 7 h, il y a un apéritif concert avec le groupe Docteur Fox, ils viennent de sortir un album qui s'appelle *Pas peur du Noir*.
– On pourrait y aller, ça serait sûrement sympa…
– Attends ! le dimanche matin, il y a un concours de pétanque, l'après-midi, une table ronde à 3 h avec des auteurs, ça se termine à 5 h. Moi, j'irais bien les deux jours…
– Pourquoi pas ?

Page 67
14 Interview

– Dick Laforêt, vous venez de sortir un album qui s'intitule *Les beaux restes*, c'est votre dixième album ; depuis 1999, on ne vous avait plus entendu, que vous est-il arrivé ?
– Après mon album, *Morne Plaine*, je voulais tout arrêter. Pendant trois mois, dans mon village, j'ai voulu me consacrer à d'autres activités : j'ai créé une école de musique, j'ai fait du sport, j'ai organisé des stages d'auteur-compositeur, mais la chanson me manquait, elle est revenue naturellement…
– Qu'est-ce que votre nouvel album a de particulier ?
– Il parle de la vie quotidienne, des petites défaites de la vie, mais sans mélancolie…
– Vous êtes dans quel état d'esprit ?
– Très serein ! Je ne suis plus angoissé, le succès m'importe peu ; tout ce qui m'est arrivé, c'est bien au-delà de ce que j'attendais… Je voulais juste être musicien quand j'avais 17 ans, j'ai eu beaucoup plus.

séquence 10

Page 72
5 Analyse de tableau chiffré

Selon les résultats d'une enquête réalisée dans l'Europe à 15 pays, près de la moitié des Européens (47,3 %) ne parlent aucune langue étrangère. Pour l'autre moitié – ceux qui parlent une langue en plus de leur langue maternelle – l'anglais vient largement en tête puisque la langue de Shakespeare est pratiquée par près de 41 % d'entre eux. Le français vient au second rang avec 19,2 % de locuteurs, suivi de l'allemand (10,3 %). Viennent ensuite, avec des pourcentages nettement moins importants, l'espagnol avec 6,6 %, l'italien (3 %) et le néerlandais (1 %).

séquence 11

Page 77
1 Pour ou contre la vie à la campagne ?

– Bonjour, Marc.
– Bonjour, Clotilde.
– Alors, il paraît que vous vous installez à la campagne…
– Oui, dans quinze jours, je suis content…
– Moi, je ne pourrais pas habiter à la campagne, je me sentirais trop isolée.
– Moi, j'aime la tranquillité, la nature, je suis sûr que j'aurai un rythme de vie plus tranquille, je prendrai mon temps.
– Comment vous ferez pour sortir, aller au cinéma, au théâtre ?
– On ne part pas au pôle Nord tout de même ! Et tu sais, j'aime bien le cinéma, mais je vais installer un home cinéma, et on sortira quand même.
– Moi, pour me sentir bien, il faut que je voie des gens, que je puisse aller acheter le pain et le journal en bas de mon immeuble.
– Mais tu peux voir aussi des gens à la campagne, au contraire, nous prendrons plus de temps avec nos amis qui viendront nous voir. Puis je préfère faire du sport, de la marche en forêt, du vélo, plutôt que d'aller dans les magasins !
– Non vraiment, il me faut de l'agitation, la possibilité d'aller quand je veux dans un magasin… Tu t'imagines ? il faut tout prévoir, pour les courses, il faut tout organiser.
– Bon, tu verras bien quand tu viendras nous voir, tu apprécieras.

Page 79
7 Débat

Animateur :
– Bonsoir mesdames, bonsoir messieurs ! Le sujet que nous allons aborder ce soir touche aux moyens de communication. La télévision est un média très présent dans la vie des Français, mais certains d'entre vous préfèrent de loin la presse écrite. Nous allons donc écouter plusieurs points de vue sur ce sujet, avec des invités, monsieur Gonzales, directeur de France 51, chaîne d'informations, madame Bichat, directrice de l'hebdomadaire *Une semaine près de chez vous* et monsieur Ravel, sociologue, spécialisé dans l'analyse des médias. madame Nicot a accepté de représenter les téléspectateurs et les lecteurs. Voilà, nous allons ouvrir ce débat sur une question : certains affirment que la télévision propose une information tronquée, partiale et ne donnent pas aux téléspectateurs le temps de réfléchir, qu'en pensez-vous, monsieur Gonzales ?

M. Gonzales :
– Je ne suis pas d'accord avec ce que vous venez d'affirmer ; les journaux télévisés sont le résultat d'un travail tout à fait professionnel des journalistes. Même si le temps des journaux est limité, ils permettent à chacun d'avoir une idée globale de l'actualité…

Mme Nicot :
– Mais ce n'est pas vrai ! Les journaux télévisés sélectionnent pour rendre compte de l'actualité et présentent les événements en cherchant le sensationnel, sans analyser…

M. Gonzales :
– Je ne partage pas votre avis, madame Nicot. Croyez-vous que la presse écrite ne sélectionne pas non plus l'information ? qu'il n'y ait pas une presse écrite qui vit du sensationnel ?

Animateur :
– Madame Bichat ?

Mme Bichat :
– D'accord, mais vous oubliez que l'offre en matière de télévision est beaucoup plus réduite, vous pouvez choisir d'acheter un magazine à sensation mais si vous voulez regarder

le journal télévisé de 20 h, vous n'avez pas beaucoup de choix. Il me semble que, par ailleurs, la presse écrite permet de revenir sur les événements, de les traiter de façon plus approfondie…

M. Gonzales :

– Je ne suis pas d'accord : la télévision propose aussi des magazines qui traitent des sujets à fond, vous ne pouvez pas l'ignorer.

Mme Nicot :

– Absolument pas ! Les seuls magazines télévisés intéressants passent sur les chaînes à péage, tout le monde n'y a pas accès…

Animateur :

– À ce stade du débat, l'avis de monsieur Ravel pourrait nous éclairer…

M. Ravel :

– Il me semble que, dans ce débat, vous oubliez que les pratiques de fréquentation des médias sont variables ; je ne pense pas que les personnes qui utilisent la télévision comme moyen d'informations soient les mêmes que celles qui fonctionnent avec la presse écrite. Je suis d'accord avec monsieur Gonzales quand il dit que les journalistes de télévision sont des professionnels, qu'il y a, à la télévision, des magazines qui analysent le fond. Cependant, le phénomène de l'audience est très important à la télévision. La presse écrite, j'en conviens, offre une palette plus diversifiée…

M. Gonzales :

– Je soutiens, au contraire, que la télévision offre la même palette que la presse écrite : chaînes d'information généralistes, spécialisées, que les gens choisissent en fonction de ce qui leur convient le mieux.

Mme Bichat :

– Absolument pas ! L'accès aux chaînes spécialisées, au câble reste encore limité, et puis vous avez le choix d'acheter une fois un magazine ; pour les chaînes de télévision, vous vous abonnez sans savoir ce que vous aimerez…

Page 81
11) Votre avis

– Bernard, tu as regardé *Réalité Machin* ?
– Oui, c'est nul !
– Pourquoi tu dis ça ?
– Écoute Ali, si la télé ne propose que ce genre d'émissions, c'est vraiment nul : voir des gens vivre au quotidien, se disputer pour des bêtises, avoir des discussions inintéressantes, je ne crois pas que ce soit vraiment intelligent !
– Moi, je trouve que cela rapproche les gens connus de Monsieur Tout-le-monde, je me reconnais dans leurs discussions…
– Arrête, en plus tu sais très bien que ce genre d'émissions existe pour faire de l'argent, pour jouer sur la fibre « voyeur » du téléspectateur, qui aime quand il y a des disputes, je ne vois pas ce que ça apporte…
– Moi ça me détend de regarder ça, c'est familier, j'ai l'impression d'être avec eux…
– En plus, quelle morale ? Le jeu consiste toujours à exclure quelqu'un, tu ne crois pas qu'il y a déjà assez d'exclus dans notre société…
– Mais c'est le jeu ! Et puis je regarde, parce que je veux être au courant ; tout le monde parle de ça au bureau…
– Eh bien, si tu n'as rien d'autre à faire…

séquence 12

Page 83
1) Les Français et l'Europe

Un sondage sur l'idée que les Français se font de l'Europe vient d'être réalisé par la SOFRES. Il laisse apparaître globalement un sentiment positif ; c'est ce qu'ont exprimé 67 % des sondés. Les Français déclarent, pour 71 % d'entre eux, qu'ils partagent une appartenance à une culture européenne. Ce sont cependant les aspects économiques et sociaux qui sont les moins bien perçus et qui justifient le sentiment négatif de 33 % des Français.
50 % estiment, même si certains d'entre eux ont une image positive, que l'Europe reste une belle promesse dans le domaine économique et social.
Cependant, 67 % des Français pensent que les gens vivent mieux en Europe que dans le reste du monde.
Par ailleurs, sur le plan politique, 55 % des sondés se déclarent favorables à une constitution européenne. Les problèmes qui devraient être traités au niveau européen sont, pour 74 % des Français, la recherche scientifique et la sécurité des aliments, pour 69 %, les questions d'environnement, pour 68 %, la politique étrangère, pour 63 %, l'immigration.

Page 85
4) Vous n'êtes pas d'accord ?

1. Dis-moi, tu n'aurais pas un peu grossi, toi ?
2. Tu pourrais venir me chercher à la gare dimanche à midi ?
3. Écoute, j'ai l'impression que tu m'as menti…
4. Alors, tu ne veux pas aider Géraldine à faire son devoir de français ?
5. Est-ce que tu seras libre, lundi, pour venir avec moi aux Galeries Lafayette ?
6. Alors, tu es du même avis que moi ?
7. Moi, j'aime bien Jean-Robert. Et toi ?
8. Richard, tu pourras prêter ton ordinateur à Jean-Jacques ?

Page 85
5) Vous êtes d'accord ?

1. Je crois que c'est une bonne idée, ce pique-nique de mercredi prochain.
2. Toutes les conditions sont réunies pour que les cours de la bourse continuent à grimper.
3. Moi, je pense qu'on peut arriver à un accord profitable pour tout le monde.
4. Vous ne trouvez pas que c'est beaucoup plus agréable, ici, depuis qu'on a la « clim » ?
5. Je ne crois pas que, toi, tu pourrais vivre à l'étranger.
6. Tu me dois bien 350 euros, hein ?
7. Moi, je trouve qu'on est toujours trop sympa avec les imbéciles.
8. Je crois, ma chère Françoise, que tu meurs d'envie de nous chanter une petite chanson…

Page 85
6) D'accord ?

Pas d'accord ?
1. Moi, je trouve que les voyages organisés sont totalement inintéressants.
2. Finalement, il n'est pas si déplaisant que ça, Jérémy.
3. J'ai vraiment bien travaillé, ces deux derniers jours. Et toi ?
4. Alors, ça t'a plu, ce film ?
5. Je trouve qu'on est vraiment bien reçu, dans ce restaurant.
6. Tu ne crois pas que Jean-François a tort de quitter son travail ?

9) Reprises

1. Les antennes que l'on trouve sur les maisons et qui servent au réseau de téléphonie pourraient être dangereuses. Faut-il interdire ces installations ?

2. M. Perhon a fait une déclaration à propos du procès Martin. Le ministre de la Justice recommande la prudence.

3. Les acariens sont présents partout dans vos appartements. Ces animaux microscopiques peuvent causer des désagréments.

4. Le film de Michael Moore a été primé à Cannes ; cette production n'est pas un film mais un documentaire.

5. La région de Bordeaux a subi de forts orages ; on a constaté dans cette zone des averses de grêle qui ont endommagé les vignobles.

6. Il est complètement sous le charme d'Élodie. Cette fascination pourrait être dangereuse pour lui.

7. Le directeur de l'usine Caro a démissionné. Ce responsable a été mis en cause dans un accident survenu l'année dernière.

8. Un train a été arrêté deux heures en raison d'un risque d'attentat. Cet incident est le deuxième en une semaine.

Corrigés

Pour les activités de production libre, les corrigés sont des propositions.

PARCOURS 1

séquence 1

1) Nourriture de tous les pays, p. 6

a. France → Enr. n° 6
b. Finlande → Enr. n° 3
c. Maroc → Enr. n° 1
d. Vietnam → Enr. n° 7

e. Sénégal → Enr. n° 2
f. USA → Enr. n° 5
g. Japon → Enr. n° 4

2) Une journée super !, p. 6

VIRGINIE	Moments de la journée	Activités / actions
	1. 6 h :	**départ à la mer**
	2. le matin :	**courses**
	3. midi :	**pique-nique**
	4. l'après-midi :	**baignade**
	5. fin d'après-midi :	**fête**
	6. 21 h :	**retour**

ROBIN	Moments de la journée	Activités / actions
	1. samedi :	**courses : achat de livres**
	2. dimanche, 7 h :	**lever**
	3. 7 h 30 :	**footing**
	4. matinée :	**film *Chaos***
	5. midi :	**repas chinois**
	6. l'après-midi :	**lecture**
	7. 18 h :	**appel de Marie**
	8. 20 h :	**dîner avec Marie**

3) Pronoms relatifs, p. 7

1. dont
2. que
3. où
4. dont
5. que
6. qui
7. qui
8. qui
9. où
10. dont

4) Pronoms relatifs, p. 7

1. C'est un ami qui est architecte.
2. Tu as lu le livre que je t'ai acheté la semaine dernière ?
3. C'est la collègue de Jacques dont je t'ai parlé hier.
4. Je viens d'acheter le caméscope dont je t'avais parlé samedi quand nous sommes allés faire des courses.
5. Vanessa a deux enfants qui ont 5 et 7 ans.
6. Ce plat est fait à partir d'une recette traditionnelle que ma grand-mère m'a apprise.
7. Le général de Gaulle est né dans ce village qui s'appelle Colombey.
8. C'est l'île de Santorin où je rêve de passer des vacances.

5) Pronoms relatifs, p. 7

1. C'est la fille dont je suis amoureux.
2. L'ami qui m'a indiqué ce restaurant est grec.
3. Je viens d'acheter la maison dont je rêvais.
4. La maison où je suis né a été détruite.
5. Le dernier film de Wenders que j'ai vu ne m'a pas enthousiasmé.
6. Les amis qui vont venir ce week-end arrivent de Rio.

6 Récit, **p. 8**

J'**ai fait** un rêve étrange. J'**étais** au bord de la mer. Il **y avait** du vent. J'**étais** assise sur des rochers, je **mangeais** une glace que j'**avais achetée** à un vendeur ambulant. Un homme **est arrivé**, il **portait** un costume. Avant de s'approcher de moi, il **s'est arrêté** auprès du vendeur ambulant pour lui parler, il **faisait** de grands gestes. Il m'**a demandé** si je pouvais lui donner ma glace; il m'**a expliqué** qu'il **pensait** qu'il **y avait** un problème avec les glaces du vendeur. Je lui **ai tendu** ma glace et il **est parti** en courant. Bizarre, non?

7 Récit à l'oral, **p. 8**

	vrai	faux
1. Jeanne est allée à Bordeaux.	☒	☐
2. Marc est allé à Paris.	☐	☒
3. Alain est allé à la Martinique.	☒	☐
4. Hélène est allée à Megève.	☐	☒
5. Jeanne a fait du ski.	☐	☒
6. Elle est allée dans les Landes.	☒	☐
7. Alice est allée à Megève mais il n'y avait pas de neige.	☐	☒
8. Alain est allé à la Martinique mais il faisait froid.	☐	☒
9. Hélène a eu un accident de ski.	☐	☒
10. Hélène ira quand même faire du ski en mars.	☐	☒

8 La durée, **p. 9**

1. J'en ai assez, **ça fait** trois heures que je t'attends!
2. Viens manger! Tu travailles **depuis** ce matin!
3. **Il y a** déjà une heure qu'il est parti.
4. On s'est marié **il y a** deux heures.
5. Il est réveillé **depuis** une heure.

9 1er avril: Bruxelles propose d'interdire les œufs à simple coque, **p. 9**

	vrai	faux
1. Ce texte rend compte d'une décision de la commission européenne.	☐	☒
2. Elle a publié une loi.	☐	☒
3. Il s'agit du problème des navires à double coque.	☐	☒
4. L'objectif est de garantir la qualité des œufs.	☒	☐
5. Il y a des différences entre les œufs à préparation rapide ou longue.	☒	☐
6. Cette décision va bénéficier aux pays du centre de l'Europe.	☐	☒
7. C'est une plaisanterie pour le premier avril.	☒	☐

10 Traditions: premier avril, **p. 10**

1.	2.	3.	4.	5.
B	E	D	C	A

11 Raconter un fait divers, **p. 10**

1. Les plages du Sud-Ouest envahies par la marée noire. 29 octobre.
Le naufrage du pétrolier *Célia* au large des côtes de l'Espagne, le 15 octobre, a provoqué une marée noire. Des nappes de pétrole se déplacent vers la France et aucune mesure n'a pu arrêter le désastre. Le pétrole arrive / est arrivé sur les côtes françaises et l'armée est / a été mobilisée pour lutter contre cette catastrophe.

2. Une bijouterie cambriolée en plein centre de Paris. 22 mai.
Hier à midi, place Vendôme, deux malfaiteurs armés ont fait irruption dans une bijouterie. Ils ont menacé les clients et les vendeurs et sont partis avec un butin de 2 millions d'euros. C'est le troisième cambriolage en six mois dans cette bijouterie.

3. Le château de Versailles endommagé par un incendie.
À 5 heures du matin, un incendie s'est déclaré dans l'aile gauche du château de Versailles. Les pompiers sont arrivés immédiatement sur les lieux mais ils ont eu des difficultés pour maîtriser l'incendie. Il y a peu de dégâts. C'est le deuxième incendie en quatre mois et la piste criminelle n'est pas exclue.

4. Deux pompiers blessés par un chauffard sur l'autoroute du Sud.
Dans la nuit de dimanche à lundi, un chauffard qui roulait à 180 kilomètres / heure sur l'autoroute du Sud a blessé des pompiers qui intervenaient après un accident survenu entre deux véhicules.

12 Ponctuation, p. 11

La semaine dernière, je suis allé en Italie pour mon travail. Je suis d'abord allé à Turin puis à Rome et j'ai terminé par Florence. À Turin, les gens étaient très accueillants. Je ne pensais pas que les gens étaient comme cela dans le nord. À Rome, nous sommes beaucoup sortis le soir. Quelle ambiance ! Il y a long-temps que je n'étais pas allé à Rome. À Florence, j'ai beaucoup travaillé mais j'ai eu quand même le temps de visiter le musée des Offices : c'est vraiment inoubliable. En fait, c'était un voyage d'affaires très sym-pathique. J'aime vraiment l'Italie.

13 Passif, p. 11

	oui	non
1. Marie est sortie par la porte de la cuisine.	☐	☒
2. Vous avez été agressé ?	☒	☐
3. Vous êtes passé par Montpellier ?	☐	☒
4. Environ 200 maisons ont été détruites par la tempête.	☒	☐
5. Cet homme est accablé par la misère.	☒	☐
6. Elle est arrivée ici par hasard.	☐	☒
7. Marc a été aidé par un psychologue après sont accident.	☒	☐
8. Anne est décidée à acheter une voiture.	☐	☒

14 Passif, p. 11

1. Le paquebot *Queen Mary 2* a été construit par les chantiers de Saint-Nazaire.
2. Transformation impossible : un pronom personnel de première personne ne peut être complément d'agent.
3. La victoire de la Musique a été attribuée par le jury à Carla Bruni.
4. Ces arbres ont été plantés par mon grand-père.
5. À Tokyo, vous serez accueillie par monsieur Tanaka.
6. *Transformation impossible : il s'agit d'un verbe de mouvement.*
7. *Transformation impossible : il s'agit d'un verbe pronominal.*
8. Cette maison a été achetée par mon père il y a trente ans.

15 Syntaxe des verbes, p. 12

1. Il faut manger **pour** vivre et non vivre pour manger.
2. Je vais être obligée **de** partir dans cinq minutes.
3. Elle a fini **par** accepter d'aller voir un médecin.
4. Vous êtes prêt **à** partir au Cambodge ?
5. Vous passez **par** Lyon ?
6. Je n'ai pas arrêté **de** voyager le mois dernier.
7. Je pense partir à 6 heures du matin.
8. J'ai décidé **de** prendre une année sabbatique.

16 Famille de mots, p. 12

1. Veuillez recevoir mes meilleures **salutations**.
2. Ce travail est trop difficile, je suis complètement **découragé**.
3. La frégate *Azur* vient de réaliser son premier **sauvetage** en mer.
4. Notre organisation comporte 520 **associés**.
5. Il faut **redire** à Charles qu'il passe à la poste, j'ai peur qu'il oublie.
6. Vous voulez **vraiment** marcher dans la neige ?
7. La **modernisation** de nos services a commencé.
8. La **création** d'emplois est notre priorité.
9. Face à ce problème, tu as vraiment eu la bonne **réaction**.
10. Ton fils est vraiment **raisonnable**.

17) Temps du passé, p. 13

1. L'année dernière, je suis allée au Vietnam.
2. Je suis arrivé à Hanoi.
3. C'est une ville étonnante calme, avec des parcs.
4. Je devais rencontrer le directeur du centre culturel
5. car je devais préparer une exposition de photos.
6. Il est venu m'attendre à l'aéroport.
7. C'est un homme très agréable et très compétent.
8. Nous avons beaucoup travaillé.
9. Mais nous avons aussi passé de bons moments.

18) Passé composé / imparfait / plus-que-parfait, p. 12

1. avait
2. avait achetée
3. avais fermé
4. avait eu / avais vu
5. aviez laissé
6. n'y avait pas
7. étiez déjà descendu
8. aviez déjà eu

---

séquence 2

1) Statistiques, p. 14

La France high-tech

40 % des foyers français ont un ordinateur mais 30 % seulement sont connectés à Internet. Une majorité de Français (64 %) possèdent un téléphone mobile. Près de trois Français sur quatre pourraient avoir accès au haut débit mais cette population est concentrée sur seulement 21 % du territoire. En revanche, plus des trois quarts des PME disposent d'un accès Internet.

2) Durée du temps de travail, p. 14

a) En 1900, la durée hebdomadaire du travail était de 70 heures. En 1906, elle est réduite à 60 heures et le dimanche devient un jour chômé. En 1919, la durée du travail est ramenée à 8 heures par jour. C'est le Front populaire qui, en 1936, crée les congés payés (deux semaines par an) tandis que la durée du travail passe à 40 heures hebdomadaires. 1982 voit l'instauration de la semaine de 39 heures et des 5 semaines de congés annuels. Depuis 2000, la durée légale du travail est de 35 heures par semaine, soit exactement la moitié de ce qu'elle était un siècle plus tôt.

b)

	vrai	faux
1. Entre 1896 et 1991, le nombre d'heures de travail humain a augmenté.	☐	☒
2. Entre 1896 et 1991, la population active a augmenté.	☒	☐
3. Si la population travaillait le même nombre d'heures qu'en 1896, il y aurait 10,5 millions de chômeurs supplémentaires.	☒	☐
4. Entre 1896 et aujourd'hui, la durée du travail a été diminuée d'un quart.	☐	☒
5. En 1991, un salarié travaillait un peu moins de 1 600 heures par an.	☒	☐

3) Conseils du facteur, **p. 15**

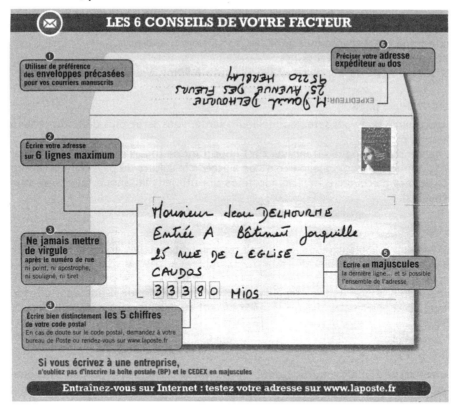

4) Devinettes, **p. 15**

1. une bague	→ Enr. n° 8	**5.** un sac	→ Enr. n° 5
2. une bicyclette	→ Enr. n° 2	**6.** un quotidien	→ Enr. n° 4
3. une balle	→ Enr. n° 1	**7.** un ordinateur	→ Enr. n° 3
4. des fleurs	→ Enr. n° 6	**8.** un téléphone portable	→ Enr. n° 7

5) Appartement, **p. 16**

Plan **A** : Raphaël   Plan **B** : Samy   Plan **C** : Julie

6) Pronom relatif *dont*, **p. 16**

1. que	**3.** dont	**5.** que
2. dont	**4.** dont	**6.** dont

7) Fréquence, **p. 16**

1. souvent	**3.** jamais	**5.** jamais
2. souvent	**4.** parfois	**6.** souvent

8) Subjonctif, **p. 17**

1. Je suis sûr que tu **auras / vas avoir** une bonne note.
2. Il faut absolument que tu **ailles** au secrétariat.
3. Je souhaite qu'il **parte** le plus tôt possible.
4. Je crois que Marie **pourra** m'aider.
5. J'ai peur qu'il ne **soit** pas à l'heure.
6. Vous voulez que je **fasse** ce travail.
7. J'aime beaucoup cette ville bien qu'il y **ait** peu de choses à voir.
8. Je suis certain que Laurent **viendra**.

9) Elle est née la divine enfant, **p. 17**

1. Cet article annonce la naissance de la fille de Clotilde Courau, actrice, et du prince Emmanuele de Savoie.
2. La petite fille a cinq prénoms.
3. Parce que c'est une descendante du roi d'Italie, son arrière grand-père.
4. Sa mère est actrice et son père est prince.
5. Elle est née sous le signe de la « dolce vita ». Elle vivra à Rome, Venise et Naples.

10) Trois raisons de..., **p. 18**

1. Faites du sport parce que vous serez en meilleure santé, vous serez plus détendu et vous y trouverez certainement du plaisir.
2. Quand on apprend une langue étrangère, c'est important de regarder la télévision parce qu'on développe ainsi la compréhension orale, parce qu'on a accès à la culture du pays dont on apprend la langue et que cela permet d'écouter différents locuteurs qui utilisent la langue (avec, éventuellement, des accents différents).

11) Hôtel, **p. 18**

Je suis arrivé à Amiens un dimanche soir. Les hôtels que j'ai visités étaient tous complets à l'exception d'un seul. Comme je n'avais ni carte bancaire ni argent liquide, j'ai précisé que je réglerais la chambre par chèque. L'employé de l'hôtel a refusé de me louer une chambre en disant que l'on n'acceptait pas les chèques. J'ai donc dû renoncer à faire étape dans cette ville et je me suis rendu dans une localité voisine, située à quelque 60 kilomètres. Je voudrais donc savoir si un commerçant a le droit de refuser un paiement par chèque.

12) Carburant, **p. 19**

Soyez pleinement rassuré : il n'y a aucune différence entre le carburant vendu en Belgique et celui que l'on trouve en France. En effet, les normes de qualité sont identiques et fixées par Bruxelles pour l'ensemble des pays de l'Union européenne. En revanche, les prix sont établis librement par les différents revendeurs et peuvent être différents d'un pays à l'autre. La concurrence entre les grandes surfaces et les stations-service explique donc les différences de prix à la pompe que vous avez pu constater en fonction des établissements dans lesquels vous avez fait le plein. Prix différents, mais même qualité.

Que choisir ? n° 406.

13) Ponctuation, **p. 19**

1. C'est un appareil qui sert à s'orienter. Il est composé d'un boîtier et d'une flèche qui indique le nord : c'est une boussole.
2. J'ai acheté une nouvelle voiture : elle est rouge, décapotable. Elle me plaît beaucoup.
3. Ma nouvelle maison ? Elle est grande : cinq pièces ! Il y a un grand salon avec une cheminée, une terrasse et un jardin. C'est à dix minutes de mon travail.

14) Prépositions *de / à*, **p. 19**

1. de   **2.** de   **3.** à   **4.** de   **5.** à   **6.** à   **7.** de   **8.** de

séquence 3

1) Repérer une opinion, **p. 20**

	De qui parle-t-on ?	Est-ce que l'opinion sur la personne est positive ou négative ?	Quels mots expriment l'opinion ?
1.	Karim	positive	souriant / de bonne humeur / solide / content
2.	Bernadette	négative	impossible / en colère / elle dit du mal de tout le monde
3.	Le prof de maths	négative	il explique mal

2) Halte à la censure !, **p. 20**

1. Il s'agit de l'émission *Chanter la vie*.
2. De Pascal Sevran.
3. Tino Rossi.
4. Il a une voix de velours et il ne chante que l'amour.
5. Il proteste contre les programmateurs de télévision et de radio qui excluent Tino Rossi.

3) Donner son avis, **p. 21**

1.	2.	3.
C	A	B

4) Conseils, **p. 22**

Cet exercice d'expression est ouvert. Il n'y a pas de réponse type. Pour répondre, inspirez-vous de l'exercice précédent.

5) Opinion, **p. 22**

a. Jouer au football.   → Enr. n° 4
b. Vivre à la campagne.   → Enr. n° 1
c. Faire du footing.   → Enr. n° 2
d. Aller au café.   → Enr. n° 5
e. Apprendre des langues étrangères.   → Enr. n° 3

6) Qu'en pensez-vous ?, **p. 22**

Cet exercice d'expression est ouvert. Il n'y a pas de réponse type. À titre d'exemple, les élèves peuvent développer les idées suivantes.

1. La télévision peut être un moyen de se cultiver mais elle présente également des programmes stupides. Parfois, laisser les enfants devant la télévision est, pour certains parents, un moyen de ne pas s'occuper d'eux.
2. Certes, les diplômes constituent souvent la clé d'accès à des métiers intéressants mais les exemples de réussite professionnelle de personnes qui n'ont pas fait d'études sont nombreux, etc.

7) Connecteurs, **p. 23**

1. Jacques est un garçon très agréable, **mais / en revanche / par contre**, son frère Pascal est vraiment antipathique.
2. Je souhaite que nous déjeunions ensemble, **même si** j'ai peu de temps.
3. Il y a beaucoup de monde à ce spectacle, **mais** heureusement nous avons deux places réservées.
4. Je suis tombé malade, **si bien que** je n'ai pas pu partir au Vietnam.
5. Je ne veux pas d'apéritif, **mais / en revanche / par contre**, je prendrai volontiers un jus de fruit.
6. Je parle un peu portugais, assez mal, **en revanche / par contre / mais** je parle correctement espagnol.
7. Viens à cette soirée, **même si** tu es fatigué. Cette soirée te détendra.
8. Je n'ai pas trouvé *Le Monde* **si bien que** j'ai acheté Libération.

8) Opposition, **p. 23**

1. non   **4.** non   **7.** oui
2. oui   **5.** non   **8.** non
3. oui   **6.** oui

9) Opinion, **p. 23**

1. vraiment   **4.** un peu   **7.** vraiment
2. complètement   **5.** assez / plutôt   **8.** vraiment
3. assez, plutôt   **6.** vraiment

10) Critiques, p. 24

	Critique positive	Critique négative	Mots / expressions pour donner une opinion
1.	X		une réussite / une superbe comédie/ des acteurs extraordinaires
2.	X		une écriture alerte, captivante / un ton juste
3.		X	une intrigue tirée par les cheveux, déjà lue / un roman qui manque d'élan / banalité

11) Avis contraire, p. 24

1. Je trouve ce film nul et banal.
2. Le premier roman de ce jeune auteur est passionnant et c'est une découverte absolue !
3. La copine de Luc est désagréable, complètement dépourvue d'humour et de charme.
4. Je suis allé voir l'exposition de Paul Gard : il n'a ni talent ni créativité.
5. Tu as vu le dernier spectacle de Fania ? Pendant deux heures, elle ne bouge pratiquement pas et on a l'impression que cela dure une éternité. Mortel !
6. J'ai vu l'exposition *Regards de Chine* : j'ai été enthousiasmé. Presque tout est intéressant, à l'exception de quelques photos que j'ai moins aimées.

12) Formation des mots, p. 25

1. inacceptable
2. inimaginable
3. inintéressant
4. incroyable
5. incroyable
6. impossible

13) Élections, p. 25

	Thèmes	Propositions
1.	Une formation rénovée.	– Création de 1 000 emplois jeunes.
2.	Formation des jeunes	– Livres gratuits – Accès aux nouvelles technologies
3.	Respect de l'environnement / écologie	– Lutte contre le gaspillage – Réduction de 5 % de la consommation d'énergie
4.	Culture et sport	– Accès pour tous dans toutes les localités
5.	Transports	– Favoriser le bus et le train – Création d'un forfait pour ces deux moyens de transport
6.	Solidarité / économie	– Création d'une agence du développement économique

séquence 4

1) Biographie : Toussaint-Louverture, p. 26

a) 1. 1776.
   2. du Bénin.
   3. faux
   4. faux
   5. faux
   6. vrai

b) 1743 : Naissance de Toussaint-Louverture.
   1776 : Affranchissement de Toussaint-Louverture.
   1789 : Révolte des esclaves noirs à Haïti.
   1791 : Toussaint-Louverture à la tête de l'insurrection des esclaves d'Haïti.
   1794 : Abolition de l'esclavage.

1797 : Toussaint-Louverture devient général en chef de l'armée de Saint-Domingue.

1801 : Toussaint-Louverture devient gouverneur général à vie.

1802 : Arrestation de Toussaint-Louverture par Bonaparte.

1803 : Mort de Toussaint-Louverture au fort de Joux.

1804 : Indépendance de Saint-Domingue.

2) Retrouvez l'info, p. 27

1. Les Français et les Américains ont un comportement différent en ce qui concerne la réglementation anti-tabac. ☒
2. Le tabac est un fléau. ☒
4. Les campagnes contre le tabagisme s'adressent principalement aux jeunes. ☒
6. Les Français sont indisciplinés. ☒
8. Aux États-Unis, on sanctionne sévèrement ceux qui ne respectent pas les interdictions de fumer. ☒
10. Pour acheter des cigarettes, il faut avoir au moins 16 ans. ☒

3) Cherchez l'info, p. 27

1. Le temps va s'améliorer sous quarante-huit heures.
2. Les automobilistes font le plein d'essence avant l'augmentation du prix des carburants.
3. L'augmentation de la pollution atmosphérique entraîne des variations climatiques.
4. Il est clairement établi que le tabac est nocif.
5. La consommation minimale quotidienne d'eau doit être de 1,5 litre.

4) Voyages, voyages, p. 28

FRANCE
Belle-Île-en-Mer

Lieu :
Située à Locmaria, dans la partie orientale de l'île, l'hôtel *Le Manoir* vous offre un séjour de rêve.

Durée du séjour : *8 jours / 7 nuits*

Prix : *527 €* par personne.

Activités : *Possibilité d'excursions en roller / Promenades à dos de poney / Parties de pêche et sorties en mer.*

Site : *http://www.lemanoir.com*

ESPAGNE

Long week-end à *Valence*, hôtel La Pepita

- En plein cœur de la ville, et tout près *des arènes et du musée taurin, à 200 mètres de la gare.*
- 3 jours / 2 nuits, en demi-pension (restaurant gastronomique : *spécialité de paella*)
- *357 €* par personne.
- Visite du *musée taurin* et du *plus grand aquarium* d'Europe.
- Visite de *la vieille ville.*
- Excursion *dans les environs de la ville.*

Tél. : *(00) 34 96 322 09 18.*

---

5) SNCF, **p. 29**

> Madame Boila
> 13, rue des Lilas
> 75019 Paris
>
> Service clientèle SNCF
>
> Monsieur,
>
> J'ai effectué le 25 octobre un voyage à Milan.
> J'ai réglé mon billet à l'agence SNCF par carte bancaire Visa.
> Or, j'ai constaté, en examinant mon relevé bancaire que la somme de 90 euros a été débitée deux fois sur mon compte.
> Je joins la facture correspondant à ce voyage.
> Je vous serai reconnaissante de bien vouloir rectifier cette erreur.
> Je vous remercie et vous prie d'agréer, Monsieur, mes meilleurs salutations.
>
> Signé : Laurence Boila

6) Fait divers, **p. 29**

Qui ?	Où ?	Quand ?	Premier événement	Deuxième événement	Résultat
M. Chevillard	Laisey (Haute-Saône)	Hier soir entre 20 h et minuit	M. Chevillard poursuit d'étranges lumières.	Après avoir parcouru 20 km, il s'embourbe dans un étang	Mauvaise plaisanterie : quelqu'un avait fixé des lampes sur des canards !

7) La poste, **p. 30**

A	B	C	D	E	F	G	H
8	2	7	3	6	5	4	1

8) Relatifs, **p. 32**

1. que **3.** qui **5.** que **7.** qui
2. dont **4.** où **6.** dont **8.** où

9) Passif, **p. 32**

1. L'incendie a été maîtrisé par les pompiers de Marseille.
2. La nouvelle loi sur le divorce a été adoptée par l'Assemblée.
3. L'actrice Juliette Binoche a été récompensée par le jury du festival de Cannes.
4. Le quotidien *Le Progrès* a été racheté par le groupe de presse Media Group.
5. Le conseil de sécurité a été réuni par le secrétaire général de l'ONU.
6. Nantes a été battu en finale de la coupe de France par Sochaux.
7. Le budget a été approuvé par le conseil d'administration.
8. Le geste du Premier ministre pour les associations d'enfants malades a été salué par toute la presse.

10) Subjonctif, **p. 32**

1. prennes **4.** viennes **7.** fasse
2. apprenne **5.** soit **8.** soit
3. m'aidiez **6.** ait

11 Biographie, p. 33

Eugène Ionesco est né en Roumanie **en 1909** d'un père roumain et d'une mère française. Il passe son enfance en France. **Puis**, de retour dans son pays **en 1922**, il y devient professeur de français. Il commence à écrire et revient en France **en 1938** pour préparer une thèse qu'il ne finira **jamais**. **Après** la guerre, il travaille dans une maison d'édition. La lecture d'un manuel d'anglais lui inspire la *Cantatrice chauve* écrite en 1950 et jouée **en 1952** ; c'est un échec. Il poursuit dans cette voie avec les *Chaises* **la même année**, il connaît enfin le succès **en 1959** avec *Rhinocéros*.
Élu à l'Académie **en 1970**, il continue de publier des essais sur le théâtre **jusqu'à** sa mort en 1994.

12 Histoire du franc, p. 33

En 1360, pour libérer le Roi de France Jean Le Bon, prisonnier des Anglais, la création d'une nouvelle monnaie **a été autorisée** : le « franc » **a permis** de payer la rançon réclamée par le Roi d'Angleterre.
Le franc **a disparu** et **a été remplacé** par l'écu en 1643.
En 1795, le franc, pièce d'argent, **est devenu** la seule monnaie de la France. Sous Bonaparte, **c'étai(en)t** des pièces d'or de 20 ou 40 francs qui **ont été frappées**.
À la fin de la Première Guerre mondiale, puis en 1958, le franc **a subi** des dévaluations.
Le général de Gaulle **a créé** le nouveau franc qui **est entré** en vigueur en 1960. 1 nouveau franc **représentait** 100 anciens francs.
Ce nouveau franc **a donné** à la France une certaine stabilité économique.
À la fin des années soixante-dix, les pays européens **ont cherché** à créer une monnaie commune.
En 1991, le traité de Maastricht **a ratifié** la création d'une monnaie unique : l'euro.
En 2002, l'euro **est devenu** la monnaie commune de 12 pays.

13 Carte vitale, p. 34

	vrai	faux
1. On doit acheter la carte vitale auprès de la caisse de sécurité sociale.	☐	☒
2. C'est une carte à puce.	☐	☐
3. On a une carte par famille.	☐	☒
4. Lorsque vous consultez un médecin, vous ne payez rien.	☐	☒
5. À la pharmacie, vous payez et on vous rembourse.	☐	☒
6. Pour les médicaments, vous devez signer une feuille de sécurité sociale.	☐	☐
7. Vous pouvez modifier les renseignements contenus dans les bureaux de votre caisse.	☐	☒
8. Vous êtes remboursé après quinze jours.	☐	☒
9. Vos changements de situation sont enregistrés automatiquement.	☐	☒
10. C'est une preuve que vous êtes assuré social.	☒	☐

PARCOURS 2

séquence 5

1 CV, p. 36

Nom : **Syban**
Prénom : **Jean-Paul**
Âge : **41**
Études : **BTS en micro mécanique / École d'ingénieur / Formation en informatique**
Expérience professionnelle : **Travail dans une filiale de la société lama / 10 ans dans le département informatique d'Air France**
Langues parlées : **Espagnol / anglais**

2 Discours rapporté, p. 36

1. féliciter
2. encourager
3. critiquer
4. exposer
5. interdire
6. promettre
7. autoriser
8. souhaiter

3) Discours rapporté, **p. 36**

	Enr.
a. Il s'est fâché.	5
b. Il a insisté sur la gravité de la situation.	1
c. Il a approuvé une décision.	6
d. Il a suggéré de revoir le projet.	2
e. Il a souhaité un bon séjour aux visiteurs.	4
f. Il a critiqué une décision.	3

4) Concordance des temps, **p. 37**

1. allais réussir   **4.** serais   **7.** allais
2. aviez   **5.** avais eu   **8.** avais
3. aurais terminé   **6.** aviez trouvé

5) Syntaxe des verbes, **p. 37**

1. de   **3.** d'   **5.** à
2. de   **4.** à   **6.** de

6) Cause / conséquence, **p. 37**

1. Grâce à   **4.** En raison d'   **7.** En raison du
2. Comme   **5.** Puisque   **8.** parce que
3. parce que   **6.** si bien que

7) Cause / Conséquence, **p. 38**

2. a   **3.** d   **4.** c   **5.** f   **6.** e

8) Couleurs, **p. 38**

1. blanc   **2.** verte   **3.** noires   **4.** noire   **5.** rouge   **6.** blanc

9) Expressions imagées, **p. 38**

1. Elle n'a pas d'argent.   **5.** Il est très maigre.
2. Elle est intimidée, confuse.   **6.** Il a fait semblant d'être triste.
3. Il est désagréable.   **7.** Il travaille mal.
4. Elle est très rapide.   **8.** Elle critique tout le monde.

10) Reformuler, **p. 39**

1. Le chiffre d'affaires de l'entreprise Egovis a évolué positivement.
2. Le nombre de salariés chez Bourgeois a fortement diminué.
3. La croissance économique a gagné 1 %.
4. Le système des retraites sera modifié en 2005.
5. Le chiffre d'affaires d'Egovis reste stable.
6. Le journal *Femme moderne* a été racheté par le groupe Méga Plus.
7. Les importations de bananes ont été complètement arrêtées.
8. Méga Plus et Méga Vision ont rompu leur contrat.

11) Fréquence : *toutes les fois que… / chaque fois que…*, **p. 40**

1. Toutes les fois que / Chaque fois que je vois Mario, je me mets en colère.
2. Toutes les fois que / Chaque fois que je veux profiter du soleil, il fait mauvais.
3. Toutes les fois qu'/ Chaque fois qu'Alain a joué au casino, il a perdu de l'argent.
4. Toutes les fois que / Chaque fois que Paul fait un voyage, il perd quelque chose.
5. Toutes les fois que / Chaque fois que je vais à Paris, je vais aux Galeries Lafayette.
6. Toutes les fois que / Chaque fois que je rencontre Gérard, il me raconte la même histoire.

12) Lettre de motivation, p. 40

Cet exercice de production écrite est ouvert. Voici, à titre d'exemple, une lettre de motivation que l'on pourrait écrire :

2.

> *Madame,*
>
> *Je suis une lycéenne de 17 ans, actuellement en 1ʳᵉ Scientifique et je recherche un petit emploi à temps partiel. L'annonce que vous avez fait paraître dans le quotidien local **Le Marseillais** a retenu toute mon attention.*
>
> *En effet, je suis libre le mercredi et tout à fait disposée à garder vos deux enfants. Je suis issue d'une famille nombreuse et donc habituée à m'occuper de mes quatre frères et sœurs, dont je suis l'aînée. D'autre part, durant deux étés, j'ai encadré une colonie de vacances et j'ai une petite expérience des enfants. Enfin, je serai très heureuse d'avoir l'occasion de pratiquer la langue anglaise que j'étudie depuis six ans.*
>
> *Si vous le souhaitez, je suis prête à vous rencontrer au jour et à l'heure qui vous conviendraient. Veuillez agréer, Madame, mes meilleures salutations.*

13) Choisir un agenda électronique, p. 41

1. faux	3. vrai	5. faux	7. faux	9. faux
2. faux	4. faux	6. vrai	8. vrai	10. faux

séquence 6

1) Pourcentages, p. 42

1.	2.	3.	4.	5.	6.	7.
b	g	a	c	f	d	e *ou* h

2) Annonces, p. 42

Monsieur,

Actuellement à la recherche d'une voiture d'occasion, je suis intéressé par l'annonce que vous avez fait paraître dans *Le Courrier de Saint-Claude*. Je souhaiterais évidemment voir le véhicule que vous proposez à la vente mais je voudrais également connaître les précisions suivantes : S'agit-il d'un véhicule à essence ou d'un modèle Diesel ? (en effet, je suis étonné par l'importance du kilométrage au compteur...) ?
Votre Twingo est-elle équipée d'un autoradio ?
Mon épouse demande quelle est la couleur de la carrosserie.
Pourriez-vous, s'il vous plaît, me téléphoner au 06 54 37 67 09 afin que nous convenions d'un rendez-vous ?
En vous remerciant, je vous prie d'agréer, Monsieur, mes salutations distinguées.

3) Pronoms (révision), p. 42

1. y   2. lui   3. les   4. en   5. le   6. y   7. les   8. elle

4) Pronoms démonstratifs, p. 43

1. celui	4. celles-ci	7. celui-ci
2. celles	5. ceux	8. celles
3. celui	6. ceux	

5) Lettre de demande d'information, p. 43

Monsieur,

Vous avez fait paraître dans *L'Est républicain* une petite annonce qui a retenu mon attention. La maison que vous proposez à la vente pourrait m'intéresser mais je souhaiterais connaître quelques informations complémentaires.

Je vous serais reconnaissant de bien vouloir me faire savoir quel est l'état de cette maison ; en effet, votre annonce ne le précise pas. D'autre part, je voudrais connaître l'environnement de la construction : quelle est la surface de votre propriété ? La maison dispose-t-elle d'une terrasse ? Y a-t-il un verger planté d'arbres ? Par ailleurs, je me demande s'il y a des commerces à proximité. Comme j'ai deux enfants scolarisés, je voudrais également savoir si des bus scolaires passent dans le village. Enfin, j'aimerais que vous me disiez si la somme que vous affichez est votre dernier prix et si vous accepteriez que nous le discutions.
Dans l'attente de votre réponse, je vous prie d'agréer, Monsieur, l'expression de mes meilleures salutations.

6) Lettre de réclamation, p. 43

Monsieur le Directeur,

Le 16 mars dernier, je vous ai passé commande par courrier d'une chaîne stéréo de marque Vociforex, sous référence 54 0089 que j'ai choisie dans votre catalogue « En deux jours chez vous ».
Je suis au regret de constater que le lecteur de cassettes ne fonctionne pas. En effet, le volet d'introduction de la cassette ne s'ouvre qu'à moitié. Je ne peux donc pas utiliser l'appareil puisqu'il est impossible d'y mettre une cassette.
Comme il s'agit d'un achat neuf, je demande à faire jouer la garantie d'un an qui figure sur la facture. C'est pourquoi, je vous retourne le paquet en port dû.
En espérant que vous me donnerez satisfaction dans les plus brefs délais, je vous prie d'agréer, Monsieur le Directeur, mes sincères salutations.

7) Annonce, p. 44

Immobilier / Vente
Vds proximité Marseille (11 km) ds village de Cabriez maison récente 150 m², 4 ch, 2 sdb, gd séjour, cuisine équipée, gde terrasse. Commerces d'alimentation ds village. 400 000 €. Affaire à saisir

8) Statistiques, p. 44

71 % des jeunes Canadiens ont un compte de courrier électronique. Parmi eux, les 4/5 ont un compte gratuit. Plus de la moitié de leur activité (56 %) est consacrée à l'envoi de courriels. Mais 18 % des parents sont au courant de cette activité de leurs enfants. L'essentiel est consacré à la correspondance avec des amis ; cependant, près de la moitié des échanges de courriers électroniques se font avec des personnes que les jeunes ont rencontrées par l'intermédiaire d'Internet.

9) Programmes audiovisuels à l'école, p. 44

L'enregistrement est particulièrement riche en statistiques. Les étudiants peuvent relever tout ou partie des informations proposées.

1. Moins de 4 enseignants sur 10 utilisent des programmes audiovisuels.
2. 36,3 % ont utilisé au moins une fois par mois un document audiovisuel durant l'année écoulée.
3. Les documents sont des documents achetés, prêtés ou donnés dans 57,2 % des cas. 23,7 % des documents proviennent de la télévision et 13 % sont des documents réalisés par les enseignants eux-mêmes. 4,7 % sont des documents téléchargés.
4. Les documents de la télévision proviennent de France 3 (38 %), de France 5 (18,2 %), de France 2 (11 %), d'Arte (8,9 %).
5. Les enseignants qui n'utilisent pas de documents audiovisuels le font par manque d'habitude et de temps.

10) Professions, p. 44

Enr.	1.	2.	3.	4.	5.	6.
	d	b	a	c	e	f

11) Pourcentages, p. 45

1. La moitié
2. La moitié
3. 70 %
4. Un quart
5. Un élève sur trois
6. 25,8 %

12) Pourcentages, p. 45

1. que le second est légèrement supérieur. / qu'ils sont légèrement différents.
2. qu'ils sont presque identiques.
3. que le premier est nettement supérieur.
4. que le second est très nettement supérieur. / que le premier est vraiment inférieur. / qu'ils sont nettement différents.

13) Réforme de l'enseignement supérieur LMD, p. 46

1. Licence, Master, Doctorat.
2. Par quatre pays.
3. Non ; elle s'appliquera aux pays européens.
4. Non ; l'objectif de cette réforme est justement d'harmoniser les systèmes.
5. Un étudiant peut accomplir son cursus universitaire dans plusieurs universités des pays européens sans problème de reconnaissance des diplômes.
6. Oui, mais en respectant l'architecture commune : licence = bac + 3 / 180 crédits ; master = bac + 5 / 120 crédits ; doctorat = bac + 8.
7. Ils sont capitalisables et transférables en Europe.
8. Non ; elle a commencé en 2002-2003. Elle sera appliquée à toutes les universités européennes en 2006.
9. Pas pour l'instant. Elles seront concernées après 2006.

séquence 7

1) Avantages / inconvénients, p. 47

	1.	2.
Type de travail	accueil dans un camping	serveur(se)
Horaires	10 heures par jour	9 heures par jour
Salaire	1 700 € net	1 500 € + pourboires
Congés	1 jour de congés par semaine	2 jours de congés par semaine
Logement	gratuit	200 € par mois

1. Je préfère le travail dans un camping parce que **c'est un travail intéressant** et parce que **c'est bien payé** mais **c'est beaucoup d'heures de travail par jour et il y a peu de congés.**
2. Je préfère le travail de serveur parce que **c'est bien payé avec les pourboires** et parce qu'**il y a deux jours de congés par semaine, je pourrai profiter de la montagne,** mais **il faut payer le logement.**

2) Sûr ? Certain ? Possible ?, p. 47

1. Il est possible que l'homme débarque sur Mars avant 2050.
2. On peut penser que le week-end sera ensoleillé.
3. Je suis sûr que la politique du gouvernement nous conduit à la catastrophe.
4. Peut-être que le chômage baissera cette année.
5. Émilie et François se marieront sûrement en août prochain.
6. Il est possible que Jérémie change d'avis.
7. Je pense que Paul regrette ses paroles.
8. Je pense qu'il va pleuvoir.

3) De l'art de s'excuser…, p. 48

	vrai	faux
1. On a le droit à l'erreur dans son comportement avec les autres.	☒	☐
2. S'excuser est inélégant.	☐	☒
3. Si on reconnaît une erreur, on se fait pardonner plus facilement.	☒	☐
4. On s'excuse exactement de la même façon à l'oral et à l'écrit.	☐	☒
5. Je m'excuse est une formule habile pour présenter ses excuses.	☐	☒
6. On doit s'excuser si on fait se lever quelqu'un pour s'asseoir au cinéma.	☒	☐

		vrai	faux

7. Pour mieux se faire excuser, on peut essayer d'expliquer
son comportement. ☒ ☐
8. Les excuses doivent être formulées simplement. ☒ ☐

4) Mariages, **p. 49**

1.	2.	3.	4.	5.	6.	7.	8.	9.	10.	11.
C	E	B	I	G	K	A	F	J	H	D

5) Moi, ce que je pense…, **p. 50**

Enr.	1.	2.	3.	4.	5.
	D	A	E	B	C

6) Opinions, **p. 50**

1. C'est excellent pour la santé. / Beaucoup de gens vivent très bien sans faire de sport !
2. Quand on se lève à 11 h, on n'a plus le temps de rien faire : la journée est déjà finie ! / La grasse matinée, quel plaisir ! Ah ! les joies du petit-déjeuner au lit !
3. C'est fatigant d'être toujours avec des gens et puis *L'enfer, c'est les autres.* / C'est important de vivre avec les autres.
4. L'intérêt d'un match de football, c'est l'ambiance qu'on trouve dans un stade, le spectacle vivant ! / C'est sympa de regarder un match à la maison avec des copains, en mangeant une bonne pizza !
5. Moi, j'aime mieux travailler tôt le matin : je suis plus en forme. / Travailler la nuit, c'est agréable : on est plus disponible, plus tranquille. Alors, moi, le matin, je dors !
6. Dans les moments difficiles, avoir des amis c'est vraiment important. / L'amitié, c'est un sentiment tiède. L'amour, c'est le seul sentiment important.
7. Grâce à la télévision, on peut avoir accès à un vaste horizon culturel. / La plupart des émissions sont abrutissantes.
8. Ce qui est important, ce n'est pas la nostalgie : ce sont les projets d'avenir. / Les leçons du passé construisent l'avenir.
9. Les statistiques démontrent que plus on est diplômé, moins on a de chance de se retrouver au chômage. / Beaucoup de gens ont fait des brillantes carrières sans être pour autant diplômés.
10. *Une langue = une vie*, dit un proverbe turc. / Plutôt que d'apprendre des langues étrangères, mieux vaut cultiver sa langue maternelle.

7) Avis contraire, **p. 51**

1.	2.	3.	4.	5.
d	a	b	e	c

8) Comment dire la même chose ?, **p. 51**

	Enr.
Je suis absolument certain(e) **que Gérard viendra à mon anniversaire.** Je suis absolument certain(e) **que Pierre nous prêtera sa voiture.** Je suis absolument certain(e) **que c'est lui le coupable.**	1 4 7
Je suis sûr(e) **que Gérard viendra à mon anniversaire.** Je suis sûr(e) **que Pierre nous prêtera sa voiture.**	1 4
Il me semble **qu'on pourrait repeindre la chambre en bleu.** Il me semble **que c'est Patrick, là-bas.**	3 8
Je ne suis pas sûr(e) **de pouvoir réussir ce concours.**	5
Je ne sais vraiment pas **où j'ai pu laisser mes clés.** Je ne sais vraiment pas **résoudre une équation.**	2 6

9) Préfixes, p. 51

a) 1. important
2. imbuvable
3. inintéressante
4. incompatibles

5. incompréhensible
6. impossible
7. indigeste
8. incontournable

b) On écrit *in* devant toutes les lettres, sauf : *p, b*.
On écrit *im* devant *p* et *b*.

10) Opinions, p. 52

	Très positif	Plutôt positif	Neutre	Plutôt négatif	Très négatif
Enr.	1	2	4	3	5

11) Pronoms, p. 52

1. lui
2. en
3. elle

4. lui
5. eux
6. toi

7. soi
8. moi

12) Syntaxe des verbes, p. 52

Voilà c'est difficile **de** vous expliquer ce que je pense **de** vous. J'ai beaucoup d'estime **pour** vous, mais parfois vous me donnez l'impression **de** ne pas faire attention aux autres. Je sais que vous êtes très pris, que vous vous vous occupez **de** beaucoup de choses, que vous n'êtes pas très disponible. Vous pourriez de temps en temps oublier tout cela et penser à autre chose : vous faire plaisir, vous laisser aller, parler **avec** les gens, les regarder. Vous pourriez essayer d'être plus naturel, **de** ne pas jouer un personnage. Je serai contente **de** vous.

séquence 8

1) Reprises, p. 53

La fin des mineurs

Il est des métiers <u>qui</u> disparaissent : en avril 2004, la dernière mine de charbon française a été fermée, <u>elle</u> se trouvait en Lorraine. <u>Cette fermeture</u> est le symbole de la fin d'une époque qui a duré deux siècles. C'est <u>une culture</u> bien particulière <u>qui</u> disparaît et en même temps, <u>une culture partagée</u> par plusieurs pays européens. Les mineurs, « <u>les gueules noires</u> », comme on <u>les</u> appelle, représentent l'avant garde des luttes ouvrières. C'est <u>un monde dur qui</u> a une tradition, <u>ce monde</u> est bien décrit dans *Germinal* de Zola.
C'est grâce à <u>ces mineurs</u> que se crée l'Europe : en 1951 la France, le Benelux (Belgique, Pays Bas et Luxembourg), et l'Italie créent la Communauté du charbon et de l'acier qui donnera naissance en 1958 à la CEE, <u>Communauté économique européenne</u> ; <u>celle-ci</u> se transformera et c'est de nos jours <u>l'Union Européenne</u>.
Dans <u>cette mine</u> de la Houve <u>qui</u> vient de fermer, on trouve un autre symbole de l'Europe : des mineurs d'origine allemande, polonaise, slovène, italienne et des mineurs français ont travaillé côte à côte pendant des années. <u>Ces hommes</u> partagent la culture du charbon, fondée sur le courage et la solidarité.
Le charbon est mort, vive l'Europe.

2) Reprises, p. 53

Les vertus de l'aspirine

Rares sont les personnes **qui** n'ont jamais eu recours à **ce** médicament. L'aspirine existe depuis plus de cent ans. La société Bayer a déposé **cette** marque, Aspirin, en 1899 ; **cette** poudre un peu amère a rapporté des milliards de marks à la firme allemande **qui** n'avait fait que découvrir les vertus d'une molécule inventée par les chimistes, l'acide acétylsalicylique **qui** copiait la substance de plantes médicinales existant depuis l'Antiquité.
Célèbre pour **ses** propriétés antiseptiques et antalgiques, **cet** acide l'était aussi pour sa saveur peu agréable et pour les maux d'estomac qu'il provoquait. Les laboratoires pharmaceutiques ont donc travaillé pour limiter **ses** effets désagréables. Aujourd'hui, l'aspirine entre dans la composition d'une quarantaine de médi-

caments, **elle** se présente sous des formes différentes. **Ses** indications sont très larges : **elle** est efficace contre la douleur, la fièvre. On connaît ses vertus après un infarctus ou un accident cérébro-vasculaire. Une consommation prolongée ou sur dosée de **ce** médicament peut cependant entraîner des troubles de l'estomac ou des hémorragies.
Ce produit n'est donc pas anodin et son utilisation doit donc être surveillée.

3) Reprises, p. 54

1. ouverture

2. mesures

3. zone

4. rituel

5. site

6. conflit

7. homme politique

8. arguments

9. dispositif

10. polémique

4) Pronoms relatifs : *Qui est-ce ?*, p. 54

1. Cet homme d'État **qui** est né en 1890, a marqué le xxᵉ siècle. Durant la Seconde Guerre mondiale, il a été exilé trois ans à Londres **où** il a organisé la Résistance.

2. C'est un écrivain **qui** a produit une œuvre considérable. Il est né en 1802 à Besançon. Certaines œuvres **qu'**il a écrites et **qui** ont été portées à l'écran ont connu un grand succès. L'image **que** tous ont de lui est celle d'un homme infatigable, engagé dans son siècle, poète, auteur de romans.

3. Écrivain, philosophe, auteur de pièces de théâtre, il a marqué le xxᵉ siècle. *L'Étranger* est le roman **qui** est le plus connu et que de nombreux lecteurs ont lu dans plusieurs langues. Il parle de l'Algérie **où** il est né et a passé son enfance. Il est mort dans un accident de voiture, le manuscrit **qui** a été retrouvé dans sa voiture et **qui** était inachevé a été publié sous le titre *Le Premier Homme*.

4. C'est un chanteur **qui** a écrit des chansons en français, en espagnol, en portugais. Le groupe avec **qui** il a commencé s'appelle la Mano Negra. Il parle de la ville **où** il habite, Barcelone.

1.	2.	3.	4.
b	a	c	d

5) Conditionnel, p. 55

1. Le général Mausch aurait pris le pouvoir dans l'archipel des Marquises.

2. Marie aurait épousé Édouard ?

3. Milène Garche obtiendrait le prix Nobel.

4. Le président sortant serait réélu.

5. Zinedine Zidane jouerait à Marseille la saison prochaine.

6. On vous aurait volé vos papiers dans le restaurant ?

7. Mario serait arrivé à Paris ?

8. Une jeune femme aurait tenté d'assassiner le Président.

9. La reprise économique commencerait dans les prochains mois.

10. Il y aurait des problèmes de rivalité entre plusieurs ministres.

6) Valeurs du conditionnel, p. 56

1.	2.	3.	4.	5.	6.	7.	8.	9.	10.	11.	12.
e	a	c	f	d	d	g	d	a	e	f	b

7) Valeurs du conditionnel, p. 56

	Enr.
Un souhait.	7
Une suggestion, un conseil.	1 / 3
Un regret.	5
Une information non sûre.	2
Une demande polie.	4
Le futur dans le discours rapporté.	8
Un fait imaginaire.	6

8) Cigognes en Charente-Maritime, p. 57

1. En 1980, il y avait deux couples reproducteurs et quarante-quatre en 1996.
2. Oui, le nombre de couples reproducteurs était plus élevé en 1983 qu'en 1963.
3. Les couples reproducteurs ont disparu entre 1967 et 1977.
4. L'augmentation du nombre de couples reproducteurs a été particulièrement importante en 1993.

9) Connecteurs, p. 57

Courrier des lecteurs

Bonjour, Je vous adresse cette lettre **car** j'ai lu votre article le mois dernier sur l'énergie éolienne. **Pourtant**, je ne comprends pas pourquoi cette énergie qui fonctionne bien n'est pas plus utilisée. Vous expliquez que l'Europe a fixé à 21 % la part d'électricité que les états devront produire avec des énergies non polluantes. Si l'Allemagne, le Danemark et l'Espagne sont en pointe dans ce domaine, la France, **en revanche**, est très sérieusement en retard. Il me semble **donc** que les pouvoirs publics doivent faire un sérieux effort et **par conséquent** inciter de toutes les manières possibles la généralisation de la production d'énergie éolienne. **Même si** ce système de production est coûteux, c'est vraiment l'avenir. Je pense que votre dossier sur ce sujet a permis à vos lecteurs de mieux comprendre les enjeux de la production d'énergie.

J. Ventais, Toulon.

10) Élargissement européen, p. 58

1. Dix nouveaux pays sont entrés dans l'Union européenne.
2. Oui, les nouveaux pays sont plutôt satisfaits d'entrer dans l'UE. (l'enthousiasme)
3. Oui, cette entrée constitue un renforcement de l'Europe sur le plan démographique, politique et économique.
4. Oui. Pour certains, l'Union européenne était difficile à 15 ; elle le sera encore plus à 25.
5. Il sera difficile, à 25 d'établir une politique extérieure commune. Difficulté sur le plan économique : les nouveaux entrants ne sont pas très riches. Les autres pays devront faire des efforts pour les aider à élever leur niveau.
6. Pour certains analystes, ces pays représentent un marché économique important.

11) Messages, p. 59

Société Écrouvis
3, place René Cassin
83300 Draguignan

Société Desclous
Monsieur Ducros
Draguignan, le 4 décembre 200.

Monsieur,
Je vous accuse réception de votre livraison en date du 2/12 dernier. Malheureusement, la marchandise reçue ne correspond pas à notre commande. En effet, nous vous avions commandé 10 000 (dix mille) vis de 8 cm de diamètre. Or, vous nous avez livré des vis de 5 cm. Je vous retourne ce jour la totalité de la livraison par l'intermédiaire de la société Rapido et vous prie de bien vouloir nous expédier dans les plus brefs délais la commande prévue. En vous remerciant, je vous prie d'agréer, Monsieur, mes salutations distinguées.
Signé : *Charles Durieux*

1

> *Chloé Leblond*
> *45, rue des Roses*
> *31000 Toulouse*
>
> > *Secrétariat de l'UFR*
> > *de Sciences et techniques*
> > *Toulouse*
> >
> > *Toulouse, le 3 mai 200.*
>
> *Madame, Monsieur,*
> *J'ai bien reçu le dossier d'inscription que vous m'avez envoyé et je vous en remercie; malheureusement, ce dossier ne correspond pas à ma demande puisque je souhaite m'inscrire en master (j'ai reçu un dossier de premier cycle...).*
> *Je vous saurais donc gré de bien vouloir m'adresser le dossier qui correspond à ma demande initiale.*
> *En vous remerciant, je vous prie d'agréer, Madame, Monsieur, l'expression de mes sincères salutations.*
>
> > *Signé: Chloé Leblond*

2

12) Sources d'infos, p. 59

1.	2.	3.	4.	5.	6.
c	f	e	a	b	d

13) Professions, p. 60

Guide touristique
Cette personne est chargée d'accompagner un groupe de touriste lors d'un voyage organisé. Son travail consiste à faciliter le voyage des personnes dont elle a la charge et à leur faire découvrir les sites visités en donnant toutes les explications culturelles nécessaires. Cette profession permet à celui qui l'exerce de voyager, de rencontrer des gens différents et – pour ainsi dire – de travailler en ayant l'impression d'être toujours en vacances!

14) Courriel: demande d'explication, p. 60

Cher Marco,

Bien reçu ton message. Je suis surpris d'apprendre que tu as changé de boulot: quelle est ta nouvelle profession? Et qu'est-ce qui t'a décidé à changer? Je suppose que c'est mieux?..
Est-ce que tu connais Nantes? Je crois que c'est pas mal, comme ville. Et question appartement: est-ce que tu as trouvé quelque chose? En tout cas, je suis très heureux pour toi et je te souhaite beaucoup de réussite.
A +
Florian

PARCOURS 3

séquence 9

1) Chronologie, p. 62

1.	2.	3.	4.	5.	6.
C	B	F	A	E	D

2) Syntaxe des verbes, p. 62

1. à	**5.** de	**9.** de
2. de	**6.** à	**10.** de
3. sur	**7.** à	
4. à	**8.** d'	

3) Famille de mots, p. 63

Temps
1. intemporel
2. contretemps
3. contemporains
4. tempête

Sens
1. non-sens
2. insensible
3. sensiblement
4. sensible

4) Préfixes, p. 63

1. d'immeubles
2. incompétent
3. immoral
4. impossible

5. inconnu
6. confrère.
7. conviviale.
8. compromis

5) Préfixes, p. 63

1. illisible
2. antimondialistes
3. déraisonnable

4. insupportable
5. intolérables
6. antirides

6) Suffixes, p. 63

1. supportable
2. couramment
3. blocage
4. clarté

5. alliance
6. aimable
7. l'impossibilité
8. réellement

7) Georges Perec, *W ou le souvenir d'enfance*, p. 64

	vrai	faux
1. L'auteur a des souvenirs à partir de quatre ans.	☐	☒
2. Sa mère est morte quand il avait six ans.	☒	☐
3. Il a toujours vécu seul.	☐	☒
4. Pendant la guerre, il a été adopté.	☐	☒
5. La sœur de sa mère l'a adopté.	☐	☒
6. Il était protégé par son histoire.	☐	☒
7. Il ne voulait pas voir son histoire.	☒	☐
8. On ne pouvait pas lui demander de parler de son enfance.	☒	☐
9. Son histoire se confondait avec les événements historiques.	☒	☐

8) Suffixes, p. 64

a)
1. riche
2. noir
3. rouge
4. pleurnicher
5. rare
6. mignonne
7. blond(e)
8. une plante
9. célèbre
10. courant

b)
1. la résistance, irrésistible
2. illogique, un logiciel, logiquement
3. une construction, constructif
4. sincèrement, la sincérité
5. généreusement, la générosité
6. la responsabilité, irresponsable, l'irresponsabilité
7. la prévision, prévisionnel(lle), prévisible, la prévisibilité, imprévisible, l'imprévisibilité
8. clairement, la clarté, clarifier, la clarification

9. volontaire, volontairement
10. le gaspillage, gaspilleur
11. facilement, faciliter, la facilitation
12. un(e) propriétaire

9 Nelson Mandela : biographie, p. 65

Nelson Mandela est né / naquit en 1918 en Afrique du Sud. Son père est mort / mourut en 1927. En 1944, il s'est engagé / s'engagea dans l'ANC (African National Congress) qui luttait pour l'égalité entre les Blancs et les Noirs. Il est entré / entra dans la clandestinité en 1961. En 1962, il a été arrêté et condamné / il fut arrêté et condamné à la réclusion à perpétuité.

Il a passé / passa vingt-huit ans en prison, de 1962 à 1990, d'abord à Robben Island puis à la prison de Pollsmoor. Il a été / fut libéré en 1990. En 1991, les lois sur l'apartheid ont été / furent abolies et Nelson Mandela a été / fut élu président de l'ANC. Il a obtenu / obtint le prix Nobel de la paix en 1993. En 1994 ont eu / eurent lieu les premières élections multiraciales qui ont vu / virent la victoire de l'ANC. Nelson Mandela a alors été / fut alors élu président de la République d'Afrique du Sud.

10 Indicateurs de temps, p. 65

1. Il est parti au Canada **en** 1997.
2. **Après** les vacances, je commencerai des études de droit.
3. J'ai vécu à Barcelone **de** 1998 **à** 2002 ; **pendant cette période**, j'en ai bien profité.
4. On s'est mariés **le 30 avril** 2000 ; **l'année précédente**, en 1999, Jean-Pierre travaillait au Togo.
5. Le rap a vraiment percé **dans les années quatre-vingt-dix** ; moi, la première fois que j'en ai entendu, c'était en 1995, à Berlin.

11 Passé simple / imparfait, p. 66

La première personne qui **attira** son attention quand le train s'arrêta et qu'elle descendit, **c'était** son mari. « Ah ! mon Dieu ! Pourquoi a-t-il de pareilles oreilles ? » **pensa-t-elle**, en regardant le visage froid, imposant et solennel. C'étaient surtout les ourlets des oreilles, où **s'arrêtaient** les bords du chapeau rond, qui maintenant la frappaient. Alexis, apercevant sa femme, **s'avança** vers elle. Les lèvres pincées par son habituel sourire moqueur, il la regarda bien en face, la fixant de ses grands yeux fatigués. Une sensation pénible **serra** le cœur d'Anna quand elle rencontra ce regard fixe et las ; comme si elle se fût attendue à le trouver tout autre.

Anna Karénine, Léon Tolstoï

12 Festival Noir, p. 66

7ᵉ Festival
Littératures Policières, Noires et Sociales
Grand Kursaal de Besançon
22-23 mai 2004

Programme :

Samedi 23 mai

14 h : Ouverture de l'exposition en présence des auteurs (Claude Amoz, Jean-Bernard Pouy, Thierry Crifo, Dominique Manotti et d'autres encore…)

19 h : Apéritif-concert avec le groupe Docteur Fox

Dimanche 24 mai

Matin à partir de 10 h : Concours de pétanque

15 h à 17 h :   Table ronde avec des auteurs

13 Programme, p. 66

Cher Jean-Rémi,

Je viens de trouver dans ma boîte aux lettres un programme du festival de Sisteron. J'ai très envie d'y aller : il y aura des concerts de chanteurs que nous aimons bien (Paul Personne, Miossec, Sanseverino, etc.). Je crois que l'ambiance sera très sympa. De plus, le programme des réjouissances comprend une foire artisanale et une exposition d'aquarelles. Je me suis renseigné sur l'hébergement : on peut s'installer au

camping pour 80 euros pour les trois jours que dure le festival ; ou alors (si tu t'es embourgeoisé depuis les dernières vacances en Ardèche) on peut descendre dans un petit hôtel local pour 250 euros en demi-pension (trois jours, trois nuits). Est-ce que ma proposition t'intéresse ? (Je suis sûr que oui...). Passe-moi un coup de fil (mon ordinateur est toujours en panne et je ne peux envoyer ni recevoir de courriers électroniques) mais fais vite, à cause des réservations.
Amitiés,
Jean-François

14) Interview, p. 67

Le chanteur Dick Laforêt vient de sortir un nouvel album, le dixième (titre : *Les beaux restes*). S'il n'avait rien produit de nouveau depuis 1999 et son précédent album, *Morne Plaine*, c'est parce qu'il voulait alors tout arrêter. Il est resté trois mois dans son village pour se consacrer à d'autres activités : création d'une école de musique, pratique du sport, organisation de stages d'auteurs-compositeurs. Mais la chanson, qui lui manquait, est revenue d'elle-même. Son dernier album a pour thèmes la vie quotidienne, les petites défaites de la vie mais n'est pas spécialement mélancolique. Dick Laforêt est aujourd'hui très serein. Il a oublié son angoisse existentielle et ne se préoccupe pas du succès qui, d'ailleurs, a dépassé ses espérances. Adolescent, il voulait simplement être musicien et la vie lui a donné bien davantage.

15) Séjour aux Baléares, p. 66

Journal de bord – Voyage en Espagne

Premier jour : Nous sommes partis de Lyon en autocar et sommes arrivés à Barcelone vers 20 heures pour embarquer sur le bateau à 23 heures. Nous étions logés en cabine. Nous avons passé toute la nuit en mer. Le lendemain, deuxième jour du voyage, nous sommes arrivés à Palma peu avant 7 heures du matin. Nous nous sommes installés à l'hôtel. Nous étions libres l'après-midi et nous avons pris le dîner dans ce même hôtel où nous étions logés.
Troisième jour : Le matin, nous avons visité Palma, en particulier sa cathédrale gothique et le château Bellver, datant du XVIᵉ siècle. Deuxième après-midi libre.
Le lendemain, quatrième jour du voyage, nous sommes partis pour Valldemosa, un petit village qui a abrité les amours de George Sand et Frédéric Chopin. Nous sommes revenus à Palma pour le déjeuner avant d'y passer un nouvel après-midi libre. Le cinquième jour, nous sommes partis pour Villafranca de Bonamy où nous avons visité une fabrique de perles. Nous avons déjeuné dans le port de pêche de Porto Cristo. L'après-midi, nous avons visité les grottes du Hams avant de revenir à l'hôtel.
Le sixième – et avant-dernier – jour de notre séjour, nous avons fait une promenade en bateau. Retour à l'hôtel le soir, pour le dîner. Le départ en bateau pour Barcelone était prévu pour 23 heures et nous avons passé toute la nuit en mer. Nous sommes arrivés le lendemain à Barcelone vers 7 heures et nous en avons profité pour visiter l'incontournable cathédrale de la Sagrada Familia ainsi que le port. Nous sommes arrivés à Lyon peu après minuit.

REMARQUE :
Ce journal de voyage pourrait être rédigé également à la première personne du singulier.

16) Toujours, jamais, encore ?, p. 67

1. toujours
2. encore
3. plus
4. toujours

5. plus
6. encore
7. plus
8. encore

17) Indicateurs de temps, p. 68

1. Dans les années quatre-vingt-dix
2. le 1ᵉʳ mai
3. l'année précédente
4. à cette époque-là

5. deux mois plus tard
6. l'année suivante
7. Pendant ces années
8. après l'été

1) Lexique / suffixes, **p. 69**

1. muscle
2. champ
3. général
4. abondant
5. broussaille
6. gris
7. enfant
8. énergie

2) Lexique / préfixes, **p. 69**

1. route
2. jeune
3. peigne
4. long
5. mont
6. citoyen
7. accès
8. pain

3) Se faire du bien sans se faire mal, **p. 70**

	vrai	faux
1. Pour qu'une activité physique soit efficace et bénéfique pour la santé, il faut qu'elle fasse souffrir celui qui la pratique.	☐	☒
2. Il est préférable de consulter un médecin avant de pratiquer régulièrement un sport.	☒	☐
3. Il y a peu de contre-indications à la pratique sportive.	☒	☐
4. Si l'on est fumeur, il faut éviter de faire du sport.		
5. Quand on pratique la course à pied, on souffre forcément de crampes et de courbatures.	☐	☒
6. Pour tirer tout le bénéfice pour la santé d'une activité sportive, il faut la pratiquer pendant au moins trente minutes trois fois par semaine.	☒	☐
7. Il faut savoir mesurer ses efforts et les augmenter progressivement.	☒	☐
8. Pour ne pas avoir mal en pratiquant un sport, il faut s'entraîner régulièrement.	☒	☐
9. Il est inutile de pratiquer des étirements après l'effort; il faut les faire avant.	☐	☒
10. Il faut toujours choisir un partenaire plus fort que soi.	☐	☒

4) Lexique / familles de mots, **p. 71**

Mot de base			
faux	la faute	un faussaire	la falsification
le frère	la fraternité	fraternel	le confrère
le cercle	circulaire	circuler	la circulation
autre	altérer	alterner	alternatif
une île	isoler	insulaire	l'isolement
la lettre	la littérature	oblitérer	littéraire
la paix	paisible	pacifique	le pacifisme
le poil	la peluche	épiler	la pelouse
mettre	émettre	promettre	admettre
le père	paternel	parrainer	le parrain

5) Analyse de tableau chiffré, **p. 72**

b) Selon une enquête récente sur les motivations des Français pour l'apprentissage des langues étrangères, la principale motivation affichée par les Français est l'utilisation de la langue à l'étranger (48 %). On trouve ensuite des motivations d'ordre personnel (satisfaction personnelle : 34 %). La motivation professionnelle n'arrive qu'en troisième place (27 %). Enfin, en dernier lieu, c'est l'ouverture à une culture étrangère(21,5 %) et l'espoir d'obtenir un meilleur emploi (19 %) qui motivent les Français à apprendre une langue étrangère.

6) Comparatifs / superlatifs, p. 72

1. plus pénibles
2. le plus lourd
3. inférieur
4. les plus séduisants
5. moins cher
6. aussi vite
7. le plus vite
8. meilleur

7) Pronoms relatifs composés, p. 73

1. lequel
2. laquelle
3. laquelle
4. lesquels
5. lequel
6. lesquels
7. lesquels

8) Syntaxe des verbes, p. 73

1. contre
2. de
3. du
4. avec
5. avec
6. par
7. comme
8. avec
9. à
10. pour

9) L'apposition, p. 74

1. Situé entre l'Ariège et la Catalogne, le Chemin des Bonshommes nous entraîne dans le sillage des derniers cathares.
2. Culminant à 810 mètres, dans la Nièvre, le mont Beuvray abrite les vestiges de la capitale des Éduens, citée par Jules César dans *La Guerre des Gaules*.
3. Idyllique, accueillante, l'île du Tonga est située dans le Pacifique.
4. Très fleurie, dotée de restaurants de bonne qualité, l'île de Ré représente un lieu de vacances accueillant et secret.
5. Épris de randonnée, je pars chaque année découvrir un itinéraire et une région différents.
6. Consacré à l'île de La Réunion, le *Topo Guide 51* vous invite à la traversée de l'île du nord au sud.
7. Orientée autour d'un thème lié à l'histoire, au patrimoine, à la faune, à la flore, la randonnée à thème permet de conjuguer santé et culture.
8. Créée pour proposer des sorties en groupe, l'association *À pied en famille* propose des guides très détaillés de randonnée.

10) Itinéraire : les Calanques, p. 75

a) 1. Elles sont toutes différentes et ont leurs particularités.
   2. Non.
   3. Non, les villages sont restés les mêmes depuis des dizaines d'années.
   4. Non, c'est rare, il y a une plage dans la calanque de Sormiou.
   5. Non, elles sont accessibles à pied.
   6. Non.
   7. Oui.
   8. Oui.

b) J'aimerais visiter toutes les calanques, mais à pied, prendre le temps de les découvrir lentement. J'aimerais me baigner dans les rochers et aussi sur la plage de Sormiou. Je voudrais prendre un petit bateau, aller sur les îles et passer du temps dans un petit port à ne rien faire, à regarder les gens et la mer.

11) Correspondance, **p. 76**

Lille, le 15 octobre 200.

Cher Gérard,

J'étais content d'avoir de tes nouvelles. Apparemment ton installation à Caen se passe bien.

Qu'est ce que tu as trouvé comme appartement ? J'ai commencé la semaine dernière à travailler aux Trois Belges, l'ambiance est plutôt bonne, mais je travaille beaucoup. Je n'ai pas encore eu le temps de découvrir Lille, je pense que je ferai beaucoup moins de ski qu'avant, enfin avec le TGV, Grenoble n'est pas si loin. Les gens ont l'air sympas. Sylvie pense venir me rejoindre quand elle aura terminé son stage, dans deux mois. Est-ce que tu as des nouvelles de Pascale ?

Dès que je serai un peu mieux installé, j'essaierai d'aller te voir, mais si tu as envie de découvrir l'ambiance de Lille, fais signe.

Amitiés,

Alain

---

séquence 11

1) Pour ou contre la vie à campagne, **p. 77**

	Clotilde	Marc
1. Isolement à la campagne.	☒	☐
2. Tranquillité.	☐	☒
3. Prendre son temps.	☐	☒
4. Sortir facilement.	☒	☐
5. Profiter des loisirs chez soi.	☐	☒
6. Vivre dans l'agitation.	☒	☐
7. Possibilité d'aller dans les magasins.	☒	☐
8. Passer du temps avec ses amis.	☐	☒
9. Faire du sport dans la nature.	☐	☒

2) Conditionnel passé, **p. 77**

1.	2.	3.	4.	5.	6.
c	f	b	a	d	e

3) Conditionnel passé, **p. 77**

1. Si j'avais eu plus de chance, je n'aurais pas perdu cette partie de cartes.
2. Si j'étais allé chez Marie, j'aurais pu l'aider.
3. Si vous aviez travaillé un peu plus, vous auriez eu cet examen facilement.
4. Si tu t'étais dépêché, tu serais arrivé à temps pour prendre le premier train.
5. Si la police avait pris des mesures de sécurité, cette manifestation se serait déroulée sans heurts.
6. Si nous avions prévu cette grève d'avion, nous serions allés à Bordeaux en train.
7. Si j'avais appris l'espagnol, j'aurais obtenu ce poste au Nicaragua.
8. Si tu avais pris une semaine de congés quand tu es allé à Hanoi, tu aurais pu faire du tourisme et visiter la baie d'Along.

4) Connecteurs, **p. 78**

1. Je crois que la poésie est importante **parce que** c'est une attitude qui justement se démarque de la violence et **ainsi** se situe en dehors des questions qui traversent notre monde, ou **tout au moins** qui interroge différemment notre monde.
2. Pour moi, la poésie **comme** elle est modeste, silencieuse, représente une forme de résistance, car elle fait entendre la voix de l'intelligence sensible. **À l'inverse** des discours politiques, elle explore d'autres formes de parole.

3. Il est certain que la poésie s'appuie sur l'expérience humaine, **même si** elle va au-delà, **en effet** elle montre ce que l'on ne peut comprendre. Elle permet l'ouverture sur les autres et l'espoir. **En effet** elle fait accéder à l'intelligence, elle nous fait aimer la vie.

4. La poésie permet aussi l'échange, de ne pas faire dans la facilité, **mais** dans la simplicité et la générosité. Je crois que la poésie a un statut à part, **cependant** il y a un réel problème de diffusion **en effet** elle reste confidentielle.

5) Je ne suis pas d'accord, p. 78

1. Je pense que la pratique d'un sport ne peut être que bénéfique, il suffit de prendre quelques précautions ; seul l'excès dans le domaine du sport comme dans d'autres peut être dangereux, mais un sport ou plusieurs sports pratiqués en tenant compte des caractéristiques de la personne ne peut qu'améliorer la santé.

2. Moi, je préfère regarder un film, les images sont plus frappantes et on est pris dans une action, un moment où on oublie tout le reste, c'est magique.

3. J'adore le théâtre, c'est vraiment intéressant parce que c'est un spectacle vivant, qui a quelque chose d'exceptionnel à chaque fois. C'est vraiment un art qui vous fait vibrer.

4. Mon sport préféré c'est le ski. Ce sont des sensations extraordinaires. J'aime découvrir les pistes le matin avec des paysages fabuleux et c'est aussi une ambiance, en effet chaque station a son charme. On se retrouve le soir après une journée d'efforts.

6) Constructions, p. 79

1. D'avoir bien compris
2. Qu'il ne pleuvra pas
3. D'être arrivée en retard
4. D'avoir vu M. Marin sortir / Que vous avez vu M. Marin sortir
5. Que Marc soit arrivé
6. Avoir pris les papiers de la voiture

7) Débat, p. 79

a)

	0 fois	1 fois	2 fois
Absolument pas !	☐	☐	☒
Ce n'est pas vrai !	☐	☒	☐
Je ne suis pas d'accord !	☐	☐	☒
Je crois que…	☒	☐	☐
Je soutiens au contraire…	☐	☒	☐
Je ne partage pas votre avis.	☐	☒	☐
Vous avez tort.	☒	☐	☐
Vous oubliez que…	☐	☐	☒
Il me semble que…	☐	☐	☒
Je suis d'accord.	☐	☐	☒

b) M. Gonzales pense que la télévision propose une offre de qualité, semblable à celle de la presse écrite et qu'elle est faite par des professionnels.
Mme Bichat trouve que l'offre de la télévision, (des chaînes accessibles partout en particulier) est très réduite. Il y a pour elle, une grande différence avec la presse écrite. Les seuls programmes intéressants se trouvent sur les chaînes à péage.
Mme Nicot insiste sur l'aspect sensationnel et superficiel de l'information à la télévision.

8) Ce qui… / Ce que…, p. 80

1. Ce que j'aime beaucoup en France, c'est flâner dans le centre des villes.
2. Ce qui m'a touchée, c'est la gentillesse de Marine.
3. Ce que je ne peux pas accepter chez Marie-Claude, c'est sa malhonnêteté.
4. Ce qui me pousse à rester prudent, c'est mon expérience
5. Ce qui m'a permis d'apprendre beaucoup, c'est de travailler avec Jean-Claude
6. Ce qui est formateur pour un jeune, c'est de rechercher un emploi
7. Ce qui m'a appris la patience, c'est la pratique du jeu d'échecs
8. Ce que j'aime par-dessus tout, c'est voyager et rencontrer des gens qui sont dans une autre réalité.

9 Ce qui... / Ce que... / Ce dont..., p. 80

1. dont
2. que
3. qui
4. dont
5. qui

6. qui
7. dont
8. que
9. qui
10. que

10 Arguments, p. 81

1. Regardez un film sous titré, c'est plus agréable qu'un film doublé parce qu'on a les voix et les intonations de la langue dans laquelle le film a été produit.
2. Regardez un film doublé, c'est plus agréable qu'un film sous titré parce que c'est fatigant de lire les sous titres.
3. Prendre des vacances à la mer c'est mieux qu'à la campagne parce que les sports nautiques sont plus amusants.
4. Travailler au mois d'août à Paris c'est mieux que travailler en juillet parce qu'il n'y a personne, on peut profiter de la ville.
5. Pour trouver un travail, il vaut mieux faire des études à l'université que d'arrêter au baccalauréat parce que les diplômes sont valorisés dans le monde du travail.
6. Travailler pour une femme, c'est mieux que de rester à la maison cela permet d'avoir une vie sociale plus riche.
7. Ne pas travailler quand on a des enfants, c'est mieux parce que l'on a plus de temps à leur consacrer.
8. Vivre seul c'est mieux que de vivre en couple parce qu'on est plus libre et plus indépendant.

11 Votre avis, p. 81

Arguments d'Ali	Arguments de Bernard
• Ce genre d'émission rapproche les gens. • C'est un moment de détente, il y a quelque chose de familier dans le fait de voir vivre ces gens à l'écran. • Tout le monde en parle.	• Ce n'est pas très intelligent comme émission. • C'est pour faire de l'argent. • Cela utilise le côté voyeur du téléspectateur. • Le principe de l'émission repose sur l'exclusion et il y a déjà assez d'exclus dans notre société.

12 Syntaxe des verbes, p. 81

Ce que vous venez **de** dire n'est pas tout à fait exact. Je pense au contraire qu'il est très dangereux **de** laisser les enfants vivre leurs propres expériences trop tôt : quand on parle d'autonomie **pour** les enfants, il faut prendre certaines précautions et doser l'autonomie en fonction **de** l'âge. Les parents essaient souvent **de** faire faire **à** leurs enfants des choses dont ils ne sont pas capables. Il est nécessaire **d'**être conscients des possibilités des enfants à chaque stade. Bien sûr, surprotéger un enfant n'est pas bon, mais il ne faut pas lui demander **d'**accomplir l'impossible, car cela peut contribuer **à** le déstabiliser et à lui donner un sentiment d'insécurité. Je crois qu'il est de bon sens **d'**observer ses enfants, **de** dialoguer avec eux **pour** connaître mieux leurs possibilités.

13 Expression écrite libre, p. 82

Pas de corrigé.

14 Critique, p. 82

Voici le dernier roman de Michael Conolly, intitulé Los Angeles River. On retrouve la veine des premiers romans de M. Conolly qui produit un roman par an et qui ces dernières années nous a proposé des ouvrages plus ou moins réussis.
On y retrouve deux héros : le tueur machiavélique, appelé Le poète qui laisse des extraits de poèmes sur les lieux de ses crimes face au personnage de Harry Bosch, ancien policier. Il est décrit comme un détective fatigué, qui n'a pas vraiment réussi sa vie sentimentale, qui n'est pas vraiment en grande forme, mais qui cependant résout l'enquête, dans le décor cher à Conolly, Los Angeles.

Le charme et la qualité de ce roman c'est qu'il mêle plusieurs genres : le roman policier, le thriller, le roman psychologique.
Ce roman est particulièrement réussi, car il fait fonctionner deux histoires en parallèle, il faut attendre les dernières pages du roman pour que l'intrigue se dénoue. C'est vraiment le roman de l'été.

séquence 12

1) Les Français et l'Europe, **p. 83**

	Pourcentages
Sentiment positif	67 %
Sentiment négatif	33 %
Sentiment d'une culture européenne	71 %
Promesse dans le domaine économique et social	50 %
Conditions de vie meilleures en Europe	67 %
Favorables à une constitution européenne	55 %
Questions à traiter au niveau européen : – recherche scientifique – sécurité des aliments – environnement – politique étrangère – immigration	74 % 74 % 69 % 68 % 63 %

2) Conditionnel passé, **p. 83**

1.	2.	3.	4.	5.	6.	7.	8.
e	h	g	b	c	f	a	d

3) Commentaires, **p. 84**

	1.	2.	3.
Critique positive	E	A	F
Critique négative	D	C	B

4) Vous n'êtes pas d'accord, **p. 85**

1. ☐ Un peu.   ☒ Mais pas du tout !   ☐ Pas toujours.
2. ☒ Impossible.   ☐ C'est vrai.   ☐ Pas forcément.
3. ☐ Ce n'est pas ça.   ☒ Jamais de la vie !   ☐ Sans doute.
4. ☐ Tu te trompes.   ☐ Pas beaucoup.   ☒ Certainement pas.
5. ☒ Je ne pense pas.   ☐ Peut-être.   ☐ Sans doute.
6. ☐ C'est possible.   ☒ Pas exactement.   ☐ Un peu.
7. ☒ Pas beaucoup.   ☐ En effet.   ☐ C'est juste.
8. ☐ Je ne pense pas.   ☒ Certainement pas.   ☐ Mais pas du tout !

5) Vous êtes d'accord, **p. 85**

1. ☐ On peut dire ça.   ☒ Absolument.   ☐ Pas forcément.
2. ☒ C'est exact.   ☐ Peut-être.   ☐ Presque…
3. ☒ Certainement.   ☐ Peut-être pas.   ☐ Jamais de la vie !
4. ☐ Sans doute.   ☐ Un peu.   ☒ En effet.
5. ☐ Peut-être.   ☒ C'est vrai.   ☐ Tu te trompes.
6. ☐ Impossible.   ☐ Probablement.   ☒ Exact.
7. ☐ Pas toujours.   ☐ C'est possible.   ☒ Ah oui, alors !
8. ☐ Un peu.   ☐ On peut dire ça.   ☒ Absolument.

6) D'accord ? Pas d'accord ? p. 85

1. ☒ Pas forcément.	☐ Absolument.	☐ Jamais de la vie.
2. ☐ Pas du tout.	☒ On peut dire ça.	☐ En effet.
3. ☐ Certainement.	☐ En aucun cas.	☒ Pas beaucoup.
4. ☒ Un peu.	☐ Certainement pas.	☐ Tout à fait.
5. ☐ Absolument pas.	☒ Pas toujours.	☐ C'est vrai.
6. ☐ Absolument.	☐ Jamais de la vie !	☒ Pas forcément.

7) L'industrie du disque, p. 86

L'industrie du disque semble traverser une crise incontestable, elle touche **surtout** la production de chansons françaises. Beaucoup de rumeurs ont circulé sur le fait que plusieurs chanteurs français et non des moindres **auraient** été remerciés par leur maison de disque ; il semble que ces rumeurs soient un peu exagérées.

Cependant la crise est là : au premier trimestre 2004, la baisse des ventes de CD a atteint 21,4 %. Les grosses maisons de production démentent ou accusent les pratiques de ce milieu qui encouragent le règne de l'argent fou : les avances énormes, les plans de marketing trop onéreux et insistent sur le fait que les artistes vont être obligés de revoir leurs prétentions à la baisse. D'autres **pensent** que cette crise peut être salutaire, pour d'autres encore, elle va entraîner la disparition des chanteurs de la classe moyenne – 80 000 exemplaires par exemple –, **mais** ces chanteurs pourraient être les vedettes de demain : c'est **donc** une pépinière de talents qui va disparaître.

Alors on désigne un grand coupable : le piratage, l'accès gratuit à la musique par Internet. Une campagne va être lancée pour lutter contre ce phénomène.

Cependant, cette offensive est un peu facile : beaucoup s'accordent pour dire que les maisons de production avaient les moyens de lutter contre le piratage, **mais** que la rentabilité et la logique de profit à court terme les ont empêchées d'anticiper et d'accompagner le développement du numérique. Elles ont préféré faire des bénéfices faciles sur des produits venus des émissions comme la « Star Ac », sur les reprises, **donc** sur des succès faciles plutôt que de favoriser les nouveaux talents. C'est pour cette **raison** que les maisons de disques sont gérées actuellement par des spécialistes du marketing et non par des spécialistes du développement artistique. **En revanche** si l'industrie du disque est en perte de vitesse, la musique reste un grand business et la révolution numérique modifie considérablement les règles du jeu.

8) Famille de mots, p. 86

1. perdre	→ la perte	6. amener	→ la menée
2. méfier	→ la méfiance	7. passer	→ le passage
3. arrêter	→ l'arrêt	8. sortir	→ la sortie
4. discuter	→ la discussion	9. chercher	→ la recherche
5. soigner	→ le soin	10. inonder	→ l'inondation

9) Reprises, p. 87

1. les antennes	→ ces installations
2. M. Perhon	→ le Ministre de la Justice
3. les acariens	→ ces animaux microscopiques
4. le film	→ cette production
5. la région de Bordeaux	→ cette zone
6. il est sous le charme d'Élodie	→ cette fascination
7. le directeur	→ ce responsable
8. un train a été arrêté deux heures	→ cet incident

10) Ce qui... Ce que..., p. 87

1. N'oublie pas **ce que** je t'ai dit : tu dois absolument être rentré pour 17 h.

2. **Ce qui** me plaît chez Brigitte, c'est son sens de l'humour.

3. Tu peux me dire **ce que** je dois acheter au supermarché ?

4. **Ce dont** on se souvient le mieux, c'est des moments heureux.

5. Dans la vie, on ne peut pas toujours faire **ce qu'**on veut.

6. Je te donnerai tout **ce dont** tu auras besoin.

7. Tu ne sais pas **ce qui** m'est arrivé ? J'ai eu un accident en venant ici.

8. **Ce que** je ne t'ai pas dit, c'est que René était furieux : il est parti en claquant la porte.

11) Conseils, p. 87

1. c / e
Si vous avez pris du poids, nous vous conseillons d'éviter les repas au restaurant et de cuisiner des plats à base de poisson et de légumes.

2. f / g
Vous dormez mal la nuit ? Consacrez vos soirées à des activités relaxantes et surtout, pas de café !

3. d / i
Si vous avez des problèmes avec vos colocataires, n'oubliez pas de parler avec eux des difficultés communes et tâchez de faire des concessions, de proposer des idées pour simplifier le quotidien.

4. a / j
Vous terminez toujours le travail que vous devez faire au dernier moment ? Pensez à vous faire un planning chaque semaine et prévoyez des plages de travail à l'avance en vous fixant des objectifs.

5. b / h
Si vous voulez faire du sport et que vous ne trouvez jamais le temps, pensez à vous réserver une heure par jour que vous noterez dans votre agenda et prenez rendez-vous avec un ami pour y aller ensemble.

12) Chronologie, p. 88

1.	2.	3.	4.	5.	6.	7.
B.	G.	D.	A.	E.	F.	C.

Table des crédits

Couverture : " Pyramide du Louvre ", architecte I.M. PEÏ/P. Moulu/ Sunset ; (bg) Eric Audras/6PA/Sunset ; (mb) Coco Marlet/6PA/ Sunset ; (bd) Zéphyr Images/Sunset
Interieur : pp. 15 et 101 : Avec l'aimable autorisation de La Poste – **p. 57** : S.G Création (Lionel Vuchet et Jean-Louis Goussé).

Nous avons recherché en vain les auteurs ou les ayants droit de certains documents reproduits dans ce livre. Leurs droits sont réservés aux Éditions Didier.

Imprimé en France par l'Imprimerie Hérissey - 27000 Évreux - Dépôt légal : 5409/01 - août 2004 - N° d'impression : 97453